BIBLIOTHÈQUE
DES ÉCOLES ET DES FAMILLES
W. IRVING
VOYAGES ET DÉCOUVERTES
DES COMPAGNONS DE COLOMB
PARIS
LIBRAIRIE HACHETTE ET Cⁱᵉ
79, BOULEVARD SAINT-GERMAIN, 79

VOYAGES ET DÉCOUVERTES

DES

COMPAGNONS DE COLOMB

CORBEIL. — IMPRIMERIE ÉD. CRÉTÉ.

BIBLIOTHÈQUE
DES ÉCOLES ET DES FAMILLES

VOYAGES ET DÉCOUVERTES

DES

COMPAGNONS DE COLOMB

D'APRÈS

WASHINGTON IRVING

TROISIÈME ÉDITION

PARIS
LIBRAIRIE HACHETTE ET Cⁱᵉ
79, BOULEVARD SAINT-GERMAIN, 79

1893

VOYAGES ET DÉCOUVERTES

DES

COMPAGNONS DE COLOMB

INTRODUCTION

Washington Irving, l'auteur du présent livre et du volume intitulé *Voyages et découvertes de Christophe Colomb*, raconte à un ami une visite qu'il a faite à Palos. Nous reproduisons sa lettre, persuadé qu'on la lira avec intérêt et avec fruit. En plusieurs passages, nous avons abrégé le récit, et en général nous l'avons plutôt imité que traduit littéralement.

Séville, 1828.

Depuis ma dernière lettre j'ai fait ce que l'on pourrait appeler un pèlerinage américain, j'ai visité le petit port de Palos en Andalousie : c'est là que Colomb fréta ses navires et c'est de là qu'il partit pour aller découvrir le Nouveau Monde. Ai-je besoin de vous dire avec quel profond intérêt, avec quel plaisir j'ai fait cette excursion ? Depuis longtemps je la méditais, la considérant comme une sorte de devoir pieux, presque filial, pour un Américain ; mon désir devint encore plus vif quand j'appris que la plupart des édifices mentionnés dans l'histoire de Colomb sont, de nos jours, à peu près dans le même état où ils étaient à l'époque de son séjour à Palos, et que les descendants des intrépides Pinzon qui mirent à sa disposition leurs navires et leur fortune et l'accompagnèrent dans son grand voyage de découvertes, vivaient encore dans le voisinage.

La veille même de mon départ pour cette excursion, j'appris qu'un jeune homme de la famille Pinzon étudiait le droit à Séville. Je me fis aussitôt présenter à lui : c'est un jeune cavalier de bonne mine et fort bien élevé. Il me donna une lettre d'introduction auprès de son père, don Juan-Fernandez Pinzon, qui habite Moguer et qui est présentement le chef de la famille.

Comme c'était vers la moitié d'août et qu'il faisait une chaleur insupportable, je louai une *calesa* pour le voyage. La *calesa* est un véhicule à deux roues qui ressemble un peu à un cabriolet, mais à un cabriolet d'une construction grossière et primitive; par exemple, l'on n'a pas ménagé le cuivre dans les harnais, et la tête du cheval est parée d'une profusion de touffes, de bouffettes et de pompons jaunes et écarlates. Mon *calesero* était un grand Andalous, très actif, mais singulièrement silencieux pour un Andalous.

Le soir du second jour, j'arrivai à Moguer vers le coucher du soleil. Cette petite ville (car c'est aujourd'hui une petite ville) est située à une lieue environ de Palos, dont elle a attiré peu à peu tous les habitants notables, entre autres la famille Pinzon tout entière.

Comme Moguer n'est sur le chemin de personne, et que les habitants y vivent dans la simplicité de l'âge d'or, la vue de ma *calesa* produisit une grande sensation. Les gamins me firent escorte en criant, émerveillés de ce grand luxe de cuivre et de pompons et remplis de respect pour le noble voyageur qui menait si grand train.

Je descendis à la principale *posada;* l'hôtelier se tenait sur sa porte. C'était l'homme du monde le plus poli et le mieux disposé à faire son possible pour m'être agréable; seulement il n'y avait dans son hôtellerie ni lit, ni chambre à coucher. Habitué à voyager en Espagne, j'avais découvert depuis long-temps qu'un lit, après tout, n'est pas un article de première nécessité. J'avais donc déjà résolu de me contenter du pre-mier coin un peu tranquille et d'y passer la nuit couché sur mon manteau, lorsque la femme de mon hôte apparut. Elle comprit la situation et imagina un expédient. En un clin d'œil une petite chambre de dix pieds carrés, qui établissait une communication entre les écuries et une espèce de salle d'au-berge, se trouva débarrassée de tout ce qui l'encombrait, et je reçus l'assurance que l'on trouverait moyen de m'y dresser un lit. Voyant mon hôtesse en grande consultation avec les com-mères du voisinage, j'en conclus qu'elles allaient se mettre vo-lontairement à contribution pour faire honneur à l'hôtellerie.

Aussitôt que j'eus changé de vêtements, je commençai les recherches historiques qui étaient le but de mon voyage et je m'informai de la demeure de don Juan-Fernandez Pinzon. Mon hôte se mit obligeamment à ma disposition pour m'y conduire, et je partis, très ému à l'idée que j'allais me trouver face à face avec l'un des descendants de ceux qui avaient si puissamment secondé Colomb.

La maison avait bonne apparence. La porte était toute grande ouverte. Nous entrâmes en disant « Ave Maria ! » Une jolie servante andalouse répondit à cet appel. Comme nous lui demandions si son maître était à la maison, elle nous fit traverser un *patio* ou cour intérieure rafraîchie par une fon-taine entourée d'arbustes et de fleurs, et nous conduisit à une cour de derrière ou terrasse également ornée de fleurs. C'est là que don Juan-Fernandez, entouré de sa famille, jouis-sait en plein air de la sérénité de cette belle soirée.

Il me reçut avec une courtoisie parfaite; puis, ayant pris connaissance de la lettre de son fils, il parut très surpris que l'idée me fût venue de faire le voyage de Moguer rien que pour voir le lieu où Colomb s'était embarqué ; il le fut bien davantage quand je lui dis quel intérêt de curiosité je prenais à l'histoire de sa propre famille. Je vis par là que le digne vieillard ne s'était jamais bien vivement préoccupé des exploits de ses ancêtres.

Dans le cours de la conversation j'appris que don Juan-Fernandez, qui a soixante-douze ans, est l'aîné de cinq frères, tous mariés, tous pères de nombreuses familles, tous établis à Moguer ou dans les environs ; ils y occupent le même rang et y mènent le même genre de vie que leurs aïeux, les contemporains de Colomb. De Colomb lui-même il ne reste pas de descendants en ligne directe : c'était un étranger, sa race n'a point pris racine dans la terre espagnole ; celle des Pinzon continue à prospérer et à multiplier sur le sol natal.

Pendant que nous causions, entra un gentilhomme que l'on me présenta sous le nom de don Luis-Fernandez Pinzon : c'est le plus jeune des cinq frères. Il peut avoir de cinquante à soixante ans. C'est le seul des Pinzon d'aujourd'hui qui ait suivi la carrière où se sont distingués ses ancêtres. Après avoir servi avec honneur dans la marine royale, il a quitté le service il y a vingt-deux ans pour se marier. C'est aussi celui qui prend le plus grand intérêt au passé historique de sa maison, dont il se montre très fier ; il conserve avec le plus grand soin, dans un volume manuscrit qu'il eut l'obligeance de me prêter, les légendes et les documents qui font foi des services de ses ancêtres et des distinctions qu'ils ont obtenues.

Don Juan me déclara que je serais son hôte pendant toute la durée de mon séjour à Moguer. Je déclinai poliment son offre, alléguant que je ne voulais pas faire de peine aux braves gens de la *posada* après qu'ils s'étaient donné tant de mal pour m'être agréables. Il finit par se rendre à mes raisons, à condition que je prendrais mes repas chez lui. Pendant le souper on fit le plan de ma visite à Palos et au couvent de la Rabida ; don Juan en personne me servirait de cicerone et nous partirions le lendemain. Nous déjeunerions à une *hacienda* (maison de campagne) qui appartient à la famille dans les environs de Palos, au milieu des vignes, et nous y reviendrions dîner au retour du couvent.

Dès le lendemain, de grand matin, nous partîmes dans la *calesa*. Don Juan-Fernandez, malgré son grand âge, était très gai et très aimable, et il avait beaucoup de vivacité dans l'esprit. Il se montrait très courtois avec les gens que nous rencontrions sur notre chemin et saluait les plus humbles paysans du titre de *caballero;* c'est pour l'orgueil des Espagnols pauvres une marque de respect dont ils sont profondément touchés, quand elle leur est donnée par un supérieur.

Comme la marée était basse, la *calesa* suivait les berges plates du Tinto. Nous avions la rivière à notre droite; à notre gauche une série de collines qui forment les unes à la suite des autres des promontoires couverts de vignes et de figuiers. Nous passâmes à côté de Palos pour gagner la *hacienda*, qui est entre le village et la rivière. La *hacienda* est une maison de pierre, longue et basse, soigneusement blanchie à la chaux. L'une des extrémités forme une résidence d'été, avec salons, chambres à coucher et chapelle, dans l'autre on emmagasine le vin que produit la propriété.

La maison est sur une colline, au milieu des vignes, qui recouvrent, à ce que l'on croit, une partie de l'ancien emplacement de Palos; car Palos aujourd'hui n'est plus qu'un misérable village. Au delà des vignes, sur le sommet d'une colline lointaine, on aperçoit les murs blancs du couvent de la Rabida qui s'élèvent au-dessus d'un sombre bois de pins.

Au pied de la *hacienda* passe le Tinto. C'est là que s'embarqua Colomb. La brise légère ridait à peine la surface de cette belle rivière; deux ou trois barques pittoresques à longues voiles latines descendaient le courant. L'imagination avait bien peu de chose à faire pour y voir les légères caravelles de Colomb partant à la recherche d'un monde nouveau. Dans le lointain les cloches de la ville de Huelva carillonnaient mélodieusement : on pouvait se figurer qu'elles envoyaient de loin leur adieu aux hardis navigateurs.

Je ne puis vous dire ce que j'éprouvais en foulant cette rive animée jadis par la foule, au moment où Colomb y laissait les dernières empreintes de ses pas. Il me semblait voir le théâtre silencieux et vide où s'est joué un grand drame, alors que tous les acteurs ont disparu. L'aspect même du paysage, d'une beauté si tranquille, suffisait à m'émouvoir. Et pendant que je parcourais ces rives désertes, côte à côte avec le descendant de l'un des acteurs du drame, mon cœur se gonflait d'émotion et mes yeux se remplissaient de larmes.

Ce qui me surprenait, c'était de ne pas trouver en cet endroit l'apparence même d'un port, d'un quai, d'un débarcadère ; sur la plage nue se dressait un vieux ponton laissé à sec par la marée ; on me dit que c'était le bac de Huelva. Palos est sans nul doute en pleine décadence, mais il est évident qu'il n'a jamais eu grande importance ; s'il a eu autrefois des entrepôts sur la baie, il n'en reste pas trace ; c'est aujourd'hui un village du dernier ordre, situé à un quart de mille de la rivière dans un enfoncement au milieu des collines. Les habitants, au nombre de quelques centaines, gagnent leur vie à travailler la terre et les vignes. Sa population de marins et de marchands a disparu. Quelques barques légères venues du dehors jettent l'ancre dans la rivière à certaines époques pour transporter ailleurs les fruits et les vins de ses coteaux. La population est complètement illettrée, et il est à supposer que bien des gens à Palos ne connaissent pas même de nom l'Amérique. Et c'est de là qu'est partie l'expédition destinée à découvrir le grand continent de l'ouest !

Après déjeuner nous montâmes en *calesa* pour aller visiter, à une lieue de là, le couvent de la Rabida. Presque tout le temps la route traverse des vignes ; elle est sablonneuse et encaissée. Le *calesero* n'avait pu venir à bout de comprendre pourquoi un voyageur de mon espèce, qui semblait voyager pour son agrément, s'était mis en tête d'aller si loin uniquement pour voir Palos, le plus misérable endroit du monde, selon lui ; mais il fut absolument confondu de me voir prendre tant de peine et affronter un chemin si désagréable pour aller visiter le vieux couvent de la Rabida. « Hombre ! s'écriat-il, c'est une ruine, et il n'y a que deux moines ! » Don Juan se mit à rire et lui expliqua que j'étais venu de Séville pour voir cette ruine et ces deux moines. Le *calesero* haussa les épaules et fit un signe de croix ; c'est, comme on sait, la dernière ressource d'un Espagnol embarrassé. Après avoir gravi une colline et longé la lisière d'un bois de pins clairsemés, nous nous trouvâmes en face du couvent. Le couvent se dresse dans un endroit triste et solitaire, sur une hauteur rocheuse qui forme promontoire ; à l'ouest il a vue sur une grande étendue de terre et de mer, l'horizon est fermé à huit lieues de là par les montagnes qui marquent la frontière du Portugal. Du côté de Palos la vue est bornée par le bois de pins dont j'ai déjà parlé, et qui assombrit toute cette partie du paysage.

L'architecture du couvent n'offre rien de remarquable : plusieurs parties sont gothiques ; mais comme l'édifice a subi de nombreuses restaurations et qu'il est blanchi à la chaux, selon la coutume moresque généralement adoptée en Andalousie, il n'a pas l'aspect vénérable qu'on s'attendrait à lui voir, d'après son antiquité.

Nous descendîmes de *calesa* à la porte où Colomb, pauvre, étranger, forcé de voyager à pied, demanda un morceau de pain et un peu d'eau pour son enfant. Tant que le couvent sera debout, cet endroit excitera naturellement le plus vif et le plus poignant intérêt. La porte est probablement telle qu'elle était à l'époque de sa visite, mais il n'y a plus de portier pour accueillir les pauvres voyageurs. La porte était toute grande ouverte ; l'ayant franchie, nous nous trouvâmes dans une petite cour. Un porche gothique nous donna accès

dans la chapelle. Nous traversâmes ensuite deux cloîtres intérieurs, déserts et silencieux, qui tombaient en ruines, dans le
plus complet abandon. Par une fenêtre ouverte nous jetâmes un
regard sur ce qui avait été autrefois un jardin : le jardin aussi
était une ruine. Les murs étaient à moitié renversés ; quelques arbustes et un ou deux figuiers, voilà tout ce qui restait.
Nous traversâmes les longs dortoirs, les cellules étaient closes
et abandonnées ; nous n'avions pas encore aperçu une créa-
ture vivante, sauf un chat solitaire qui traversait mystérieusement un corridor lointain ; il fut pris de terreur à la vue de
deux étrangers et s'enfuit précipitamment. Enfin, après avoir
parcouru presque en entier le vieux couvent sans entendre
d'autre bruit que l'écho de nos pas, nous arrivâmes à une
cellule dont la porte était entr'ouverte. Par l'entrebâillement
nous vîmes un moine assis à une table, en train d'écrire. Il se
leva et nous fit l'accueil le plus courtois ; ensuite il nous
conduisit en présence du supérieur, qui lisait dans une cellule voisine. Tous les deux étaient encore assez jeunes ; en
compagnie d'un novice et d'un frère lai qui faisait la cuisine,
ils formaient toute la communauté.

Don Juan-Fernandez leur fit connaître l'objet de ma visite
et le désir que j'avais de consulter les archives du couvent,
pour voir si elles ne contenaient pas quelques traces du
séjour de Colomb. Ils nous apprirent que les archives avaient
été complètement détruites par les Français. Cependant le
plus jeune des deux moines, qui les avait parcourues, se sou-
venait vaguement de quelques détails relatifs aux faits et
gestes de Colomb à Palos, à sa visite au couvent et au départ
de l'expédition. D'après tout ce qu'il me dit je pus conclure
que les renseignements contenus dans les archives avaient été
extraits de Herrera et de quelques autres auteurs bien connus.

Ce jeune moine avait la parole facile et ne manquait pas
d'éloquence ; il passa de Colomb à un sujet qui lui tenait de
bien plus près au cœur, et se mit à me parler avec enthou-

siasme d'une image miraculeuse de la Vierge qui appartenait
au couvent, et que l'on appelait Notre-Dame de la Rabida.
Cette image avait la propriété de prévenir ou de guérir la
rage, chez l'homme et chez les animaux.

Pendant qu'il s'étendait avec complaisance sur les mérites et
le renom de l'image miraculeuse, mon imagination évoquait les
images du passé. Comme les arrangements intérieurs des cou-
vents restent habituellement les mêmes d'âge en âge, je me
figurais que la chambre où nous étions avait pu être celle du
curateur Juan Perez de Marchena, à l'époque de la visite de
Colomb. Peut-être alors, sur l'antique et lourde table que
j'avais devant moi, Colomb avait étalé ses cartes conjecturales
et exposé sa théorie de la route à suivre pour gagner l'Inde
par l'ouest? Je n'avais même pas besoin de faire un effort
d'imagination pour réunir le petit conclave autour de la
table : Juan Perez le moine, Garci Fernandez le médecin, et
Martin-Alonso Pinzon le hardi navigateur, tous écoutant avec
une attention passionnée la parole de Colomb ou le récit de
quelque vieux marin de Palos sur les îles que l'on avait
aperçues à l'ouest, dans l'Océan.

Les moines, dans la mesure étroite de leurs moyens et de
leurs connaissances, étaient disposés à tout faire pour m'aider dans mes recherches; ils me montrèrent donc toutes les
parties du couvent. Mais le couvent, sauf les souvenirs historiques qui s'y rattachent, n'offre absolument rien d'intéressant. La bibliothèque ne contenait que quelques volumes de
théologie entassés pêle-mêle dans un coin et couverts de
poussière. La pièce est assez curieuse, et l'on suppose qu'elle
a fait partie d'un temple du temps des Romains.

Nous montâmes sur le toit, d'où l'on embrasse une vue
très étendue. Juste au pied du promontoire où s'élève le
couvent coule une rivière étroite et assez profonde que l'on
appelle le Domingo Rubio et qui se jette dans le Tinto. Don
Luis-Fernandez Pinzon croit que les caravelles de Colomb ont été

construites sur cette rivière, qui est mieux abritée que le Tinto.
Une seule barque de pêcheur était en vue, et à quelque distance
on apercevait les ruines d'une ancienne tour d'observation sur
une pointe de sable. Du toit du couvent l'on pouvait suivre
toutes les sinuosités de l'Odiel et du Tinto jusqu'au moment
où les deux rivières se réunissent dans un même lit : c'est de
là que la flottille de Colomb descendit le courant jusqu'à la
mer. En réalité le couvent sert de point de repère; à cause
de sa position élevée et solitaire, les navires l'aperçoivent
de très loin en mer. Du côté opposé je suivis du regard la
route solitaire qui traverse le bois de pins; c'est par là que le
curateur du couvent, cet admirable frère Juan Perez, partit à
minuit sur sa mule pour se rendre au camp de Ferdinand,
dans la Vega ou plaine de Grenade, afin de plaider devant la
reine la cause des théories de Colomb.

Après avoir achevé la visite du couvent, nous songeâmes
à partir : les deux moines nous reconduisirent jusqu'à la
porte. A la vue de la *calesa*, l'un d'eux s'écria en souriant :
« Santa Maria ! une *calesa* devant la porte du couvent de la
Rabida ! » En effet, le vieux couvent est si solitaire et si loin
de tout, les mœurs, dans ce coin perdu de l'Espagne, sont
si patriarcales et si simples, que la vue d'une misérable
calesa y excite à bon droit l'étonnement. Pour moi, voici ce
qui m'étonne. Comment se fait-il que dans ce pays perdu le
plan de Colomb ait trouvé des gens assez intelligents pour
le comprendre et assez hardis pour l'exécuter, après avoir
été repoussé, presque bafoué par les universités les plus sa-
vantes et les cours les plus magnifiques?

En retournant à la *hacienda* nous rencontrâmes don Rafaël, un fils cadet de don Juan-Fernandez, beau garçon de
vingt et un ans qui étudiait pour le moment le français et
les mathématiques. Il montait bien à cheval et portait avec
grâce le pittoresque costume andalous. C'est, je crois, le fa-

vori de son père, parce que, seul de ses fils, il partage sa passion pour la chasse.

Après le dîner et la sieste nous nous disposâmes à visiter
Palos avant de rentrer à Moguer. Don Rafaël était parti en
avant pour se procurer les clefs de l'église du village et pour
prévenir le curé que nous désirions consulter les archives.
Le village se compose de deux rues bordées de maisons
basses et blanchies à la chaux. La plupart des habitants sont
très bruns, ce qui prouve qu'ils ont du sang africain dans
les veines.

Arrivés au village, nous nous rendîmes tout droit chez le
curé. J'avais espéré trouver en lui un personnage semblable
au curé de don Quichotte, c'est-à-dire un homme avisé et bien
renseigné dans sa petite sphère, et dont j'espérais tirer quelques anecdotes au sujet de la paroisse, de ses grands per-
sonnages, de ses antiquités et de son histoire. Peut-être après
tout ce curé était-il tel que je me le figurais ; par malheur
c'était un sportman, et on venait de lui dire que l'on avait
vu du gibier sur les collines voisines. Il sortait de chez lui
comme nous arrivions, et je dois convenir qu'il était tout à
fait pittoresque. C'était un gros petit homme très robuste;
il avait quitté la soutane et le chapeau à grands bords pour
la veste et le petit chapeau andalous; il avait son fusil à la
main et se préparait à enfourcher un âne que tenait une
vieille servante parcheminée. Craignant d'être retardé dans
son expédition, il cria de loin à mon hôte, aussitôt qu'il l'a-
perçut : « Dieu vous garde, seigneur don Juan! J'ai reçu
votre message et je n'ai qu'une réponse à y faire. Les archives ont été complètement détruites. Nous n'avons pas trace
de ce que vous cherchez — pas trace! pas trace! Don Rafaël a
les clefs de l'église. Vous pouvez l'examiner à loisir. Adios,
caballero! » Là-dessus le petit homme sauta sur son âne,
lui caressa les côtes de la crosse de son fusil, et le voilà parti
au grand trot.

En nous rendant à l'église, nous passâmes près des ruines d'une grande et belle habitation qui avait dû être bien supérieure à toutes les maisons du village. Don Juan me dit que c'était une ancienne propriété de sa famille; mais depuis que les Pinzon avaient émigré à Moguer, la maison tombait en ruines, faute d'être habitée et entretenue. C'était probablement, du temps de Colomb, la résidence de Martin-Alonso ou de Vicente-Yañez Pinzon.

Enfin nous arrivâmes à l'église de Saint-Georges. C'est sous le porche de cette église que Colomb lut aux habitants de Palos l'ordre des souverains qui leur enjoignait de lui fournir des navires pour son grand voyage de découvertes. Cet édifice a été dernièrement restauré avec soin, et comme la grosse maçonnerie en est solide, on peut espérer qu'il conservera pendant des siècles le souvenir des illustres aventuriers. Cette église est en dehors du village, sur une colline, dominant une petite vallée et ayant vue sur la rivière. Les restes d'une arcade moresque prouvent que cet édifice fut primitivement une mosquée. Juste au-dessus de l'église, sur le sommet de la colline, on voit encore les ruines d'un château mauresque.

Je m'arrêtai un instant sous le porche, cherchant à me figurer la scène dont ce lieu avait été le théâtre lorsque Colomb, accompagné de l'enthousiaste Juan Perez, fit lire par le notaire public l'ordre royal aux alcades, aux regidors et aux alguazils stupéfaits; on se figure malaisément la consternation de cette pauvre communauté si petite et si éloignée du monde, lorsque les gens virent apparaître à l'improviste un homme absolument étranger, tenant l'ordre qui leur commandait de mettre leurs personnes et leurs navires à sa disposition et de le suivre au milieu des déserts inconnus de l'Océan.

L'intérieur de l'église n'offre rien de remarquable, sauf un groupe en bois qui représente saint Georges terrassant le dragon et qui est au-dessus du maître-autel. Ce groupe fait l'admiration des bonnes gens de Palos, qui le portent en grande pompe par les rues le jour de la fête du saint. Il existait déjà du temps de Colomb; on l'a tout récemment rajeuni, et il brille de l'éclat des dorures et des couleurs les plus vives.

Ayant tout vu, nous revînmes à Moguer en *calesa*. Pour achever mon pèlerinage, je n'avais plus à visiter que la chapelle du couvent de Santa-Clara. Au retour de son grand voyage de découvertes, Colomb, en danger de périr dans une tempête, fit vœu, s'il avait la vie sauve, de passer toute une nuit en prières dans cette chapelle. Nous ne pouvons pas douter qu'il n'ait accompli ce vœu dès son arrivée.

Le couvent de Santa-Clara appartient à l'ordre des religieuses franciscaines; c'est le plus riche de Moguer. La chapelle est grande et richement ornée; la partie qui environne le maître-autel est embellie par les monuments magnifiques des Porto Carrero, anciens seigneurs de Moguer, qui se distinguèrent dans les guerres contre les Maures. Les statues de marbre de ces hommes illustres, celles de leurs femmes et de leurs sœurs, sont couchées côte à côte, les mains jointes, sur leurs tombeaux, devant l'autel; on en voit d'autres dans des niches profondes, des deux côtés. Il faisait nuit quand j'entrai dans cette chapelle, et l'obscurité ajoutait encore à l'effet de la scène que j'avais sous les yeux. Quelques lampes votives éclairaient à demi l'intérieur de la chapelle; leur lumière, faiblement reflétée par les dorures de l'autel et par les cadres des tableaux, se posait doucement sur les statues de marbre des guerriers et des dames. Voilà sans doute le spectacle solennel et touchant que Colomb avait sous les yeux quand il passa la nuit en prières dans la chapelle de Santa-Clara pour rendre grâces à Dieu de l'avoir sauvé de l'abîme.

Et maintenant le but de mon voyage était atteint, puisque

j'avais visité tous les lieux que le souvenir de Colomb a rendus historiques. J'éprouvai une vive satisfaction en voyant combien certains d'entre eux avaient peu changé depuis cette époque déjà éloignée de nous. C'est que dans ce petit coin de l'Espagne, si retiré, si peu fréquenté, la marche du temps n'amène guère de révolutions violentes. Mais ce qui m'a le plus agréablement surpris, c'est de trouver la famille des Pinzon absolument telle qu'elle était à l'époque des grandes découvertes. Le lendemain de mon excursion à Palos, dans la matinée, j'eus occasion de jeter un regard sur l'intérieur de la plupart des maisons de la famille. Comme je désirais visiter les restes d'un château moresque qui avait été autrefois la citadelle de Moguer, don Fernand voulut me montrer une tour qui servait de cellier à l'un de ses parents. En cherchant la clef, nous fûmes renvoyés de porte en porte, ce qui me mit en présence de la plupart des membres de la famille Pinzon. Tous me parurent vivre dans cette médiocrité dorée qui est à égale distance des privations et des superfluités de la vie, et il me sembla qu'ils étaient attachés les uns aux autres par les liens d'une douce et cordiale intimité. Nous trouvâmes en général les dames assises dans les *patios* ou cours intérieures de leurs maisons. C'est là en effet que les dames andalouses passent leurs matinées à travailler, entourées de leurs servantes, suivant un usage qui a quelque chose de primitif ou plutôt d'oriental. Au-dessus des portes de quelques-unes des maisons je remarquai les armoiries concédées à la famille par Charles-Quint, accrochées comme des tableaux dans leurs cadres. Au-dessus de la porte de don Luis, l'officier de marine, elles étaient sculptées sur un écu de pierre et peintes. J'ai recueilli beaucoup de détails sur la famille dans mes conversations avec don Juan et dans le manuscrit que m'avait prêté don Luis. D'après tout ce que j'ai pu apprendre, un laps de temps de près de trois siècles et demi a produit peu de changements dans la condition des Pinzon : cette stabilité, au milieu des fluctuations du monde, a quelque chose de grand et de puissant qui frappe l'imagination.

Comme je devais repartir pour Séville à deux heures de l'après-midi, je partageai pour la dernière fois le repas de la famille de don Juan, entre midi et une heure, et je pris congé de mes hôtes avec un regret sincère. Le bon vieux gentilhomme, avec la courtoisie ou plutôt avec la cordialité d'un véritable Espagnol, voulut m'accompagner jusqu'à la *posada* pour me mettre en voiture. Grâce à l'hospitalité des Pinzon, je n'avais pas fait grande dépense à l'hôtellerie; néanmoins l'orgueil espagnol de l'hôtelier et de sa femme semblait flatté de la préférence que j'avais accordée à leur petite chambre et à leur pauvre lit d'emprunt sur la spacieuse demeure de don Juan. Quand je les remerciai de leur bonté et de leurs attentions et que je fis cadeau à l'hôtelier de quelques cigares de choix, le cœur de ce brave homme déborda. Après m'avoir saisi les deux mains et m'avoir comblé de bénédictions, il courut après le *calesero* pour lui recommander de prendre grand soin de ma personne pendant tout le voyage.

PREMIER VOYAGE DE ALONSO DE OJEDA

DANS LEQUEL IL FUT ACCOMPAGNÉ PAR AMERIGO VESPUCCI

(1499)

CHAPITRE PREMIER

Alonso de Ojeda[1], né à Cuença (Nouvelle-Castille), d'une famille respectable, fut élevé, en qualité de page au service de don Luis de Cerda, duc de Medina-Cœli, un des hidalgos les plus puissants du royaume d'Espagne. Le duc de Medina-Cœli, à la tête d'une véritable armée de vassaux, prit part à la guerre de Grenade et se fit un point d'honneur de payer de sa personne dans toutes les circonstances périlleuses. C'est à son école que se forma Alonso de Ojeda.

Ojeda était petit de taille, mais très bien fait de sa personne, d'une force et d'une activité presque incroyables, d'une habileté prodigieuse dans le maniement de toutes les armes connues, aussi bon fantassin que bon cavalier. Tout en reconnaissant qu'il a commis des erreurs et même des fautes graves, on ne peut s'empêcher de constater qu'il avait de la noblesse et de l'élévation dans le caractère.

C'était presque un enfant lorsqu'il fit ses débuts, sous les auspices du duc de Medina-Cœli, dans la guerre contre les Maures, puisqu'il n'avait que vingt et un ans lorsqu'il accompagna Colomb dans son second voyage. Il s'y fit remarquer par son humeur aventureuse et sa valeur un peu folle. Revenu avec Colomb, il le laissa repartir seul en 1498. Il est à supposer qu'il lui déplaisait d'obéir, et qu'il comptait déjà sur ses puissants pro-

1. Voy. dans le volume intitulé : *Vie et voyages de Christophe Colomb*, le rôle de Ojeda.

tecteurs pour obtenir un commandement. Un de ses cousins germains, le père dominicain Alonso de Ojeda, l'un des premiers inquisiteurs d'Espagne, était fort bien en cour; il connaissait particulièrement l'évêque don Juan-Rodriguez de Fonseca, à qui les souverains avaient confié la surintendance des affaires du Nouveau Monde. Le père dominicain présenta le jeune aventurier au tout-puissant Fonseca, qui le prit en affection et lui fit même cadeau d'un petit tableau de l'école flamande représentant la sainte Vierge. Ojeda, dans toutes ses expéditions, emporta ce tableau avec lui, se croyant sous la protection immédiate de la Vierge. Ce qui le confirmait dans cette idée, c'est que pendant bien longtemps il se tira sans blessures des querelles où l'engageait son humeur inquiète et des batailles où il se jetait toujours à corps perdu.

Pendant que le jeune Ojeda perdait son temps à la cour, en quête de quelque commandement, les souverains reçurent de Colomb le compte rendu de son troisième voyage. Il avait découvert la côte de Paria, où selon lui on trouvait en abondance les épices, l'or, l'argent, les pierres précieuses et surtout les perles d'Orient; car Colomb s'imaginait toujours avoir découvert une partie inconnue de l'Asie.

Alonso de Ojeda conçut aussitôt le projet d'organiser une expédition pour exploiter à son profit la côte de Paria. Fonseca, implacable ennemi de Colomb, trahit ses secrets et donna communication de sa lettre et de ses cartes au jeune Ojeda. Ensuite il lui accorda une commission en vertu de laquelle il lui était permis d'entreprendre un voyage de découvertes, à la seule condition de ne point visiter les terres qui appartenaient aux Portugais, ni celles que les Espagnols avaient découvertes jusqu'en 1495. Comme la côte de Paria avait été reconnue seulement en 1498, il était loisible à Ojeda de la visiter et de l'exploiter s'il y avait lieu.

La commission de Ojeda était signée de Fonseca seul, qui la lui délivra en vertu de ses pouvoirs généraux; mais il est douteux que ce document ait été soumis à l'approbation des souverains, ni même qu'ils en aient eu connaissance. Quoique l'expédition de Ojeda fût une entreprise privée, les droits de la couronne étaient expressément réservés, et Ojeda s'engageait à verser au trésor une part de ses bénéfices.

De riches marchands de Séville fournirent les fonds nécessaires, et Ojeda arma quatre vaisseaux au port de Sainte-Marie. Il engagea comme matelots un certain nombre d'hommes qui venaient de faire avec Colomb le voyage de la côte de Paria. Le principal associé d'Ojeda, celui en qui il avait le plus de confiance, était Juan de la Cosa, qui l'accompagna en qualité de second, ou, comme on disait alors, de pilote en chef. C'était un intrépide Biscayen que l'on peut regarder comme un élève de Colomb, car il l'avait accompagné dans son second voyage; il s'était ensuite attaché à Rodrigo de Bastide et avait exploré avec lui certaines parties de la côte de la terre ferme. Ce brave homme avait une innocente manie : habitué à se voir consulter comme un oracle en matière de navigation, il avait pris l'habitude de se considérer comme un émule de Colomb.

Ojeda emmenait aussi avec lui Amerigo Vespucci, de Florence, négociant ruiné qui s'était mis en tête d'aller chercher fortune au Nouveau Monde. On ne sait pas au juste en quelle qualité ni à quel titre il fît partie de cette expédition. Encore peu connu à cette époque, Amerigo Vespucci est devenu célèbre pour avoir publié un récit intéressant de ses voyages et pour avoir donné son nom au continent récemment découvert.

CHAPITRE II

Parti du port Sainte-Marie le 20 mai 1499, Ojeda prit la route que Colomb avait suivie dans son troisième voyage; il avait pour se guider les cartes mêmes de Colomb et les marins qui avaient voyagé avec lui. En vingt-quatre jours il atteignit le Nouveau Monde, à deux cents lieues au Sud des dernières découvertes de l'amiral.

En remontant le long des côtes du golfe de Paria, il passa devant les embouchures de l'Orénoque et de plusieurs grands fleuves. Les Espagnols, qui n'avaient encore aucune idée de la puissance des fleuves du Nouveau Monde, furent très surpris de voir que l'eau de la mer était douce à une distance considérable des embouchures. Les indigènes, maltraités par les blancs dans les expéditions précédentes, évitaient de se montrer. On n'en vit pas un seul jusqu'au jour où l'on fut en vue de l'île de la Trinité.

Selon Amerigo Vespucci, les habitants de la Trinité et des côtes du Paria étaient de race caraïbe, grands, bien faits, vigoureux et habiles à manier l'arc, la lance et le bouclier. Semblables en général aux autres habitants du Nouveau Monde, ils en différaient cependant sur plusieurs points. D'abord ils n'avaient ni croyances religieuses, ni endroits consacrés à un culte quelconque; ils ne faisaient ni prières ni sacrifices; à en juger par leur genre de vie, c'étaient de véritables épicuriens. Leurs huttes, qui affectaient la forme d'une cloche, étaient bâties avec des troncs d'arbres et couvertes de feuilles de palmier. Quelques-unes étaient assez spacieuses pour loger jusqu'à six cents personnes et même davantage. La réunion de tant de personnes sous un climat brûlant et le manque de propreté engendraient des maladies qui forçaient les indigènes à changer de résidence tous les six ou sept ans.

Ils n'avaient d'autres richesses que des colliers d'arêtes de poisson, ou de petites pierres blanches et vertes, et des plumes brillantes d'oiseaux des tropiques dont ils se faisaient des parures.

Ils se conduisaient envers les morts comme les habitants des autres îles. Après les avoir déposés dans une caverne et avoir placé à côté d'eux une cruche d'eau et des aliments, ils les abandonnaient sans se croire obligés de leur payer un tribut de larmes ou de lamentations. Sur quelques points de la côte, quand un indigène était sur le point de mourir, ses parents le transportaient dans les bois et le plaçaient dans un hamac suspendu aux arbres. Ils dansaient autour de lui jusqu'au soir et s'en retournaient, en lui laissant des vivres pour trois ou quatre jours. S'il en réchappait, on le recevait à son retour avec de grandes réjouissances; s'il mourait de maladie ou de faim, on ne s'en inquiétait pas.

Au plus fort de la fièvre on plongeait quelquefois les malades dans une eau glacée. Ensuite on les forçait à prendre un violent exercice autour d'un grand feu pour amener une transpiration abondante. Amerigo Vespucci affirme qu'il a vu des malades guéris par ce traitement.

CHAPITRE III

Après avoir reconnu plusieurs points de la Trinité et du golfe
de Paria, Ojeda traversa la Bouche du Dragon, côtoya la terre
ferme jusqu'au golfe des Perles et passa de là à l'île de Margarita,
découverte par Colomb et renommée depuis pour sa pêcherie
de perles. Après avoir exploré Margarita et plusieurs îles voisines, il retourna à la terre ferme, où il trouva les rivières in-
festées d'alligators.

Les indigènes lui firent bon accueil et s'empressèrent à lui
fournir des provisions. Mais ce zèle hospitalier n'était pas entièrement désintéressé. Considérant les Espagnols comme des
êtres supérieurs, ils cherchaient à s'en faire des alliés contre
certains cannibales qui venaient d'une île lointaine chercher
des prisonniers dans leur pays pour les dévorer.

Ojeda, ayant pris sept indigènes à bord pour lui servir de
guides, partit en quête des cannibales. Au bout de sept jours il
arriva en vue d'un groupe d'îles, que l'on suppose être les îles
des Caraïbes. Ses guides lui désignèrent particulièrement une
de ces îles comme la résidence habituelle de leurs ennemis.
Quand il fut près de la côte, il vit qu'elle était couverte de sauvages coiffés de plumes brillantes et peints de différentes couleurs. Ils étaient armés d'arcs, de flèches, de dards, de lances et
de boucliers et semblaient disposés à empêcher les étrangers
d'aborder.

Aussitôt Ojeda jeta l'ancre et fit mettre ses chaloupes à la

mer ; chacune d'elles fut armée d'un *paterero* ou petit canon ;
des soldats se tenaient cachés au fond des chaloupes. Aussitôt les
rameurs nagèrent vigoureusement vers le rivage. Les Espagnols furent accueillis par une volée de flèches qui ne pro-
duisirent pas grand effet. Comme les chaloupes avançaient
toujours, les sauvages se jetèrent à la mer en brandissant leurs
lances. Les soldats se levèrent alors et déchargèrent leurs ca-
nons. Au bruit de la détonation, les sauvages effrayés regagnèrent le rivage et s'enfuirent ; serrés de près par les Espagnols,
ils firent volte-face et se battirent vaillamment ; mis en déroute,
ils gagnèrent les bois, laissant derrière eux beaucoup de morts
et de blessés.

Le lendemain ils reparurent sur le rivage plus nombreux
que la veille, en costume de guerre, brandissant leurs armes,
battant du tambour et soufflant dans leurs conques pour pro-
voquer les Espagnols. Ojeda en personne débarqua à la tête
de cinquante-sept hommes et mit encore une fois les ennemis
en déroute. Après avoir pillé les huttes, les Espagnols y mirent le feu et retournèrent en triomphe à leurs navires, traî-
nant avec eux un grand nombre de prisonniers. Revenu à la
terre ferme, Ojeda fit don d'une partie des dépouilles aux sauvages qui lui avaient servi de guides et les renvoya chez eux,
pensant bien qu'ils parleraient avec enthousiasme des hommes
blancs et de l'éclatante vengeance qu'ils avaient tirée des Caraïbes. Il jeta l'ancre dans une baie et y passa vingt jours pour
donner à ses blessés le temps de se guérir.

CHAPITRE IV

Au bout de vingt jours il reprit ses voyages d'exploration
et toucha à l'île de Curaçao, que Amerigo Vespucci, trompé évi-
demment par les récits exagérés des Indiens, représente comme
habitée par une race de géants. Les voyageurs qui depuis ont
exploré Curaçao ont fait justice de cette fable.

En continuant d'explorer la côte du continent, Ojeda arriva
à un golfe profond qui avait l'apparence d'un lac paisible. En
y pénétrant, il aperçut sur la côte un village bâti sur pilotis.
Chaque maison avait son pont-levis, les habitants communi-
quaient entre eux à l'aide de canots. Ojeda appela ce golfe golfe
de Venise; il a gardé jusqu'à nos jours le nom de Venezuela ou
petite Venise. Les Indiens l'appelaient Coquibacoa.

Aussitôt que les habitants aperçurent les navires espagnols,
ils se sauvèrent dans leurs maisons et levèrent leurs ponts-levis.
Une flottille de canots revenait en ce moment de la haute mer;
quand les Espagnols voulurent s'en approcher, les sauvages
épouvantés se jetèrent à la côte et s'enfuirent dans les bois. Ils
en sortirent bientôt, amenant seize jeunes filles qu'ils remirent aux Espagnols comme otages et comme gage de leurs
bonnes intentions.

La meilleure entente semblait régner entre les Espagnols et
les sauvages, qui arrivaient par bandes sur leurs canots; tout à
coup, à un signal donné, les seize jeunes filles se jettent à la
mer et les hommes attaquent les étrangers à coup de dards et

de flèches. Ojeda, sans perdre un instant, fait armer ses chaloupes, charge l'ennemi, culbute les canots, tue vingt Indiens,
en blesse un plus grand nombre et met le reste en déroute.
Trois hommes et deux des jeunes filles tombèrent aux mains
des Espagnols. Ojeda les fit mettre aux fers; mais un des
hommes et les deux jeunes filles réussirent à s'échapper pendant la nuit.

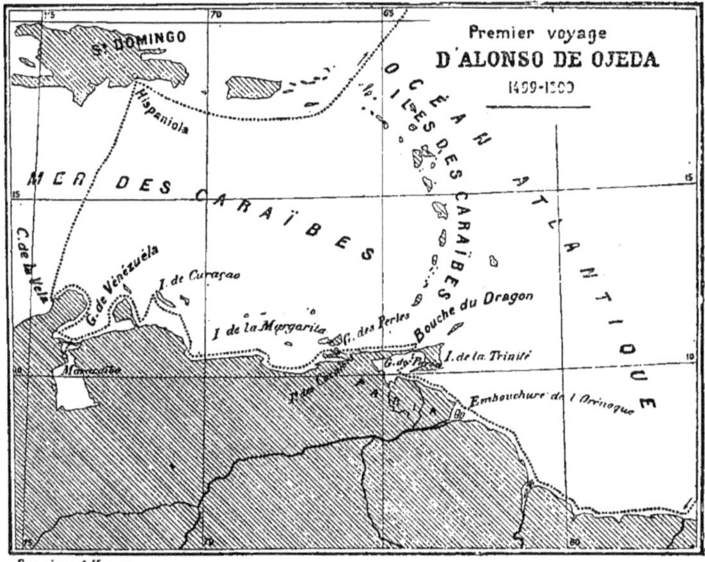

Ojeda eut la curiosité de visiter les maisons; elles étaient
abandonnées, et l'on n'y trouva rien qui valût la peine d'être
emporté. Par politique et pour ne pas exciter dans le pays une
irritation inutile, il épargna les maisons. Il n'avait eu que
cinq hommes blessés, et tous les cinq guérirent de leurs blessures.

Poursuivant l'exploration du golfe, il découvrit un port ou
havre qu'il appela port de Saint-Barthélemy. On suppose que
c'est le port connu aujourd'hui sous l'ancien nom indien de Ma-

racaïbo. Les habitants de cette partie du golfe, considérant les Espagnols comme des créatures célestes, les accueillirent en amis et leur offrirent l'hospitalité la plus généreuse. Un détachement envoyé sur leur requête pour explorer le pays fut conduit comme en triomphe, de village en village, pendant neuf jours consécutifs. Pour épargner toute fatigue aux Espagnols, on les transportait en litière, et celui-là était un objet d'envie et d'admiration qui avait eu l'honneur de porter un de ces divins étrangers sur ses épaules au passage d'une rivière. Au retour de l'expédition les curieux se précipitèrent dans les canots ou se jetèrent à la nage pour voir les vaisseaux de plus près. Ils s'enhardirent même jusqu'à monter à bord, au nombre d'un millier environ. Ojeda ayant eu l'idée de faire décharger un canon, ils sautèrent tous à l'eau « comme des grenouilles ». Mais quand ils virent que personne n'était blessé, ils grimpèrent en riant sur le pont des navires et y passèrent le reste du jour à s'émerveiller de tout, comme des enfants. Plusieurs jeunes filles indigènes s'embarquèrent avec les Espagnols. Une d'entre elles, qu'ils appelèrent Isabelle, s'attacha à Ojeda et l'accompagna dans un autre voyage.

CHAPITRE V

Sorti du golfe de Venezuela, Ojeda doubla le cap Maracaïbo.
En explorant de port en port et de cap en cap le continent inconnu, il arriva à cette longue pointe de terre qui s'appelle
cap de la Vela. Comme ses vaisseaux étaient en mauvais état et
qu'il ne rencontrait pas sur la terre ferme les trésors qu'il y
cherchait, il se dirigea sur Hispaniola en traversant la mer Caraïbe. Ses instructions lui interdisaient pourtant de visiter Hispaniola; mais quand il avait un projet en tête, Ojeda ne se laissait arrêter par rien. Il avait d'ailleurs une excuse toute prête:
la nécessité de calfater et de radouber ses vaisseaux et de renouveler ses provisions. Très probablement pour se consoler
de n'avoir point trouvé d'or, il voulait se procurer du bois de
teinture, qui abonde dans la partie ouest d'Hispaniola.

A peine débarqué à Yaquino, au mois de septembre, il reçut
la visite de l'ancien rebelle Roldan, qui venait lui demander
compte de sa conduite au nom de Christophe Colomb. Comme
il n'avait pour lui ni le droit ni la force, Ojeda se résigna à se
rembarquer. N'ayant pu se procurer ni or ni bois de teinture,
il se rabattit sur une autre branche d'industrie. Errant d'île
en île, il captura un certain nombre d'Indiens avec l'intention
de les vendre comme esclaves.

De retour à Cadix en juin 1500, il vendit ses captifs ; mais il
tira si peu de profit de cette vente, que, tous frais déduits, il ne
resta que cinq cents ducats à partager entre cinquante-cinq

aventuriers. Ce qui augmenta le dépit et la mortification d'O-
jeda, c'est qu'une modeste expédition partie après la sienne était
rentrée au port, deux mois avant lui, chargée des dépouilles du
Nouveau Monde.

Il convient de placer ici un récit abrégé de cette expédition,
pour montrer l'enchaînement des découvertes secondaires qui
conduisirent à des entreprises du plus haut intérêt et à des ré-
sultats dè la plus grande importance.

PEDRO-ALONSO NIÑO ET CHRISTOVAL GUERRA

(1499)

La permission accordée par l'évêque Fonseca à Alonso de
Ojeda excita l'émulation de plusieurs autres compagnons de
Colomb ; parmi eux il faut citer Pedro-Alonso Niño. Cet intré-
pide marin, né à Moguer près de Palos, avait accompagné
Colomb en qualité de pilote dans son premier voyage et dans
ses croisières le long des côtes de Cuba et de Paria.

Ayant obtenu une licence de Fonseca, il chercha des associés.
Un riche marchand de Séville, nommé Luis Guerra, consentit à
fréter une caravelle, mais à condition que son frère, Christoval
Guerra, en aurait le commandement. Niño accepta, n'ayant pas
d'autre alternative, et s'embarqua comme subalterne dans sa
propre entreprise. Mais son expérience et ses connaissances le
tirèrent bientôt de cette situation humiliante ; il fut réellement
le capitaine du vaisseau, et c'est à son nom que s'est attachée la
gloire de l'entreprise.

La caravelle ne jaugeait que cinquante tonneaux et n'avait que
trente-trois hommes d'équipage.

Niño et Guerra mirent à la voile au commencement de juin
1499, quelques jours après le départ d'Ojeda. Guidés par les
cartes de Colomb, ils atteignirent le continent du sud un peu

au-dessous de Paria, quinze jours environ après le passage de Ojeda.

Ils remontèrent jusqu'au golfe de Paria, débarquèrent pour couper du bois de teinture et furent accueillis en amis par les indigènes. En sortant du golfe de Paria par la Bouche du Dragon, ils rencontrèrent une flottille de dix-huit canots caraïbes. Les Caraïbes, sans se laisser effrayer par les dimensions de la caravelle, assaillirent les voyageurs d'une grêle de flèches. Le bruit du canon cependant les épouvanta et ils prirent la fuite. Les Espagnols capturèrent un des canots et un des guerriers qui le montaient. Au fond du canot gisait un prisonnier indien, pieds et poings liés. Il fit comprendre par signes que les Caraïbes avaient fait une incursion dans son pays, qu'ils avaient pris sept de ses compatriotes, que les six autres avaient été dévorés sous ses yeux et qu'il était destiné à subir le même sort. L'honnête Niño et ses compagnons furent saisis d'une telle horreur et d'une telle indignation, qu'ils livrèrent le Caraïbe à son ancien prisonnier pour en tirer telle vengeance qu'il jugerait convenable. Après l'avoir roué de coups jusqu'à ce que mort s'ensuivît, l'autre lui trancha la tête et la planta au bout d'un pieu, comme trophée de sa vengeance.

Niño et ses compagnons gagnèrent l'île de Margarita, où ils se procurèrent, par voie d'échange, une grande quantité de perles. De Margarita ils passèrent à la côte de Cumana, trafiquant de port en port avec beaucoup d'adresse et de prudence. Ils entendaient parfois dans les épaisses forêts de la côte des cris et des rugissements d'animaux inconnus ; mais ces animaux ne devaient être ni féroces ni dangereux, puisque les Indiens ne portaient d'autres armes que des arcs et des flèches. Ayant rencontré des daims et des lapins dans le pays, ils en conclurent qu'il faisait partie du continent, car on n'avait trouvé ces animaux dans aucune île.

Niño et Guerra, enchantés d'être si bien traités à Cumana et d'y faire d'aussi brillantes affaires, y restèrent plus de trois mois. Ensuite ils se dirigèrent à l'ouest vers un pays appelé Cauchieto, où ils se procurèrent encore des perles et une espèce d'or de qualité inférieure appelée *guanin*. Arrivés à un endroit d'où ils apercevaient des maisons et des jardins protégés par une forteresse, ils songeaient à aborder, lorsqu'ils aperçurent une troupe de plus de mille Indiens armés de flèches et de massues qui se disposait à les attaquer ; ces gens avaient sans doute été exaspérés par la récente visite de Ojeda. Niño et Guerra, qui recherchaient le profit, et non les coups et la gloire, virèrent de bord et retournèrent à Cumana pour y reprendre le trafic des perles. Ces perles pouvaient se comparer aux plus belles et aux plus grosses perles d'Orient. Malheureusement les naturels du pays les détérioraient en les perçant, faute d'outils assez délicats.

Enfin les deux associés firent voile pour l'Espagne et arrivèrent à Bayonne en Galice vers le milieu d'avril 1500, à peu près deux mois avant Ojeda.

Le prodigieux succès de Niño et de Guerra ne manqua pas d'exciter l'envie, et l'envie s'ingénia à les trouver en faute. On les accusa d'avoir dissimulé une partie de leurs bénéfices pour frauder le trésor et frustrer leurs compagnons. Pedro-Alonzo Niño fut jeté en prison ; mais comme on ne pouvait rien prouver à sa charge, il fut remis en liberté.

VICENTE-YANEZ PINZON

Au nombre des aventuriers maritimes qui mirent à profit l'autorisation d'entreprendre des découvertes à leurs risques et périls, nous trouvons Vicente-Yañez Pinzon, de Palos, un de ces trois frères généreux qui aidèrent Colomb à entreprendre son premier voyage et qui risquèrent leur vie et leur fortune dans une expédition périlleuse au succès de laquelle personne n'avait foi.

Il a été parlé, dans la *Vie de Christophe Colomb*, de Martin-Alonso Pinzon, l'aîné des trois frères et le plus connu. On y a vu comment une malheureuse erreur de conduite le sépara de l'amiral, attira sur sa tête la disgrâce des souverains et probablement contribua à le faire mourir d'une mort lamentable et prématurée.

La défaveur des souverains ne s'étendit pas à ses frères, et l'on peut dire que sa mort fit oublier sa faute et ne laissa subsister que le souvenir de ses services éclatants.

Par un sentiment facile à comprendre, ses deux frères et son fils ne prirent aucune part aux entreprises ultérieures de Colomb; mais quand la porte fut ouverte aux entreprises privées, ils se présentèrent, et leur hostilité présumée contre Colomb leur gagna du premier coup le cœur de Fonseca.

Ce fut Vicente-Yañez Pinzon qui se mit à la tête de la nouvelle entreprise, et il eut sous ses ordres ses deux neveux, Arias-Perez et Diego-Fernandez, fils de Martin-Alonso Pinzon. Plusieurs de ses matelots avaient navigué avec Colomb lors de son récent voyage à Paria, ainsi que ses trois principaux pilotes, Juan Quintero, Juan de Umbria et Juan de Jerez. En réalité toutes ces entreprises secondaires semblent nées des grandes entreprises de Colomb, et destinées à réaliser les plans et les conceptions contenues dans les papiers qu'il avait envoyés en Espagne.

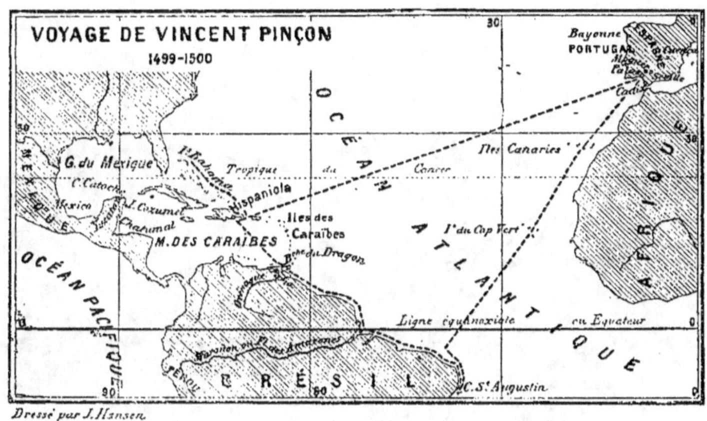

Vicente-Yañez Pinzon dépensa toute sa fortune à armer quatre caravelles dans le port de Palos, et encore fut-il obligé d'emprunter à des taux exorbitants l'argent nécessaire pour parfaire ses préparatifs.

La petite escadre, partie au commencement de décembre 1499, mit le cap sur le sud-ouest en quittant les Canaries et les îles du Cap-Vert. Après une traversée de sept cents lieues, les navigateurs franchirent l'équateur et perdirent de vue l'étoile polaire. A peine avaient-ils passé la ligne équinoxiale, qu'ils furent assaillis par une violente tempête et mis à deux doigts de leur perte. La tempête passée et le firmament redevenu serein, les malheureux se mirent à errer au hasard, épouvantés de la turbulence des vagues et de l'aspect d'un ciel inconnu. Pour diriger leur course ils cherchaient en vain vers le sud quelque étoile polaire, se figurant que quelque proéminence du

PORT DE PERNAMBOUC. (ÉTAT ACTUEL.)

globe la cachait à leurs regards. Ils n'avaient aucune connaissance des constellations de ce nouvel hémisphère, et s'obstinaient à chercher au pôle sud une étoile qui fît pendant à celle du pôle nord.

Pinzon se dirigea résolument à l'ouest, et le 28 janvier, au bout de deux cent quarante lieues, par le 8e degré de latitude sud, il aperçut une terre qu'il nomma *Santa-Maria de la Consolation*. On l'appelle de nos jours le cap Saint-Augustin ; c'est la partie la plus avancée de l'immense empire du Brésil. Pinzon débarqua avec un notaire et des témoins, et prit officiellement possession du pays au nom de la couronne de Castille. Le rivage était désert, mais on remarqua sur le sable des empreintes d'une dimension extraordinaire.

La nuit des feux brillèrent dans une certaine direction ; dès le lendemain matin Pinzon envoya de ce côté un détachement en armes. Une bande d'Indiens d'une taille gigantesque s'élancèrent vers les Espagnols, tenant à la main des arcs et des flèches. On en voyait d'autres dans le lointain qui accouraient en grand nombre pour prêter main-forte à leurs compagnons. Les deux partis, près d'en venir aux mains, s'observèrent quelque temps avec une curiosité défiante. Les Espagnols, de loin, montrèrent aux Indiens des miroirs, des perles de verre et autres colifichets, et firent sonner des grelots ; mais les sauvages ne se laissèrent point séduire, et regardèrent tous ces trésors avec un souverain mépris. Ils paraissaient féroces et belliqueux, et l'on suppose qu'ils appartenaient à une race errante, d'une taille gigantesque, accoutumée à rôder surtout la nuit. A la chute du jour ils disparurent tous.

Découragé par leur accueil inhospitalier, Pinzon se dirigea vers le nord-ouest et arriva à l'embouchure d'une rivière trop peu profonde pour recevoir ses navires. Les chaloupes débarquèrent un parti d'hommes armés qui aperçurent sur une colline voisine une bande d'Indiens nus. Ces Indiens se montrèrent aussi hardis et aussi féroces que les derniers, attaquèrent

INDIGÈNE DU BRÉSIL.

les Espagnols, les repoussèrent jusqu'au rivage, les suivirent même dans l'eau et leur prirent une chaloupe.

En remontant quarante lieues au nord-ouest, Pinzon arriva aux environs de la ligne équinoxale, dans un endroit où l'eau de la mer était si douce qu'il en put remplir ses tonneaux. Étonné d'un phénomène si surprenant, il se dirigea vers la terre et se trouva bientôt au milieu d'un archipel d'îles fraîches et verdoyantes. Les insulaires, d'un caractère doux et inoffensif, accueillirent très bien les étrangers. Pinzon découvrit bientôt que ces îles occupaient l'embouchure d'un fleuve immense, de plus de trente lieues de large, dont l'eau pénétrait à plus de quarante lieues en mer avant de perdre sa douceur. Ce fleuve était le fameux Maragnon, connu depuis sous le nom d'Orellana et de fleuve des Amazones. Le fleuve ayant crû subitement de cinq toises, la violence du courant fut telle, dans les chenaux étroits de l'archipel, que les vaisseaux espagnols furent sur le point d'être entraînés et engloutis.

Comme les insulaires avaient peu ou point d'or et aucune denrée précieuse à offrir, Pinzon remit à la voile ; mais au départ il reconnut l'hospitalité des naïfs Indiens en leur enlevant trente-six prisonniers. Cette odieuse violation du droit des gens était malheureusement passée en coutume parmi les explorateurs.

Pinzon dépassa les embouchures de l'Orénoque et prit terre dans le golfe de Paria pour y couper des bois de teinture. Traversant ensuite la Bouche du Dragon, il arriva à Hispaniola vers le 23 juin et repartit pour les îles Bahama. Pendant qu'il était à l'ancre, sa flottille fut assaillie par une épouvantable tempête : deux des caravelles furent englouties corps et biens, la troisième perdit ses ancres et fut emportée à la dérive ; la quatrième fut si maltraitée que l'équipage se jeta dans les chaloupes et gagna le rivage. Les Espagnols se trouvèrent alors en présence de quelques Indiens nus qui ne leur firent aucun mal ; les naufragés tinrent conseil et décidèrent de tuer les Indiens pour

UN ARCHIPEL DANS LES CANAUX DU BAS AMAZONE.

les empêcher de répandre dans le pays la nouvelle de leur dé·
sastre, qui aurait pu attirer les sauvages des îles voisines. Heureusement pour les Indiens et pour l'honneur de l'humanité,
on vit reparaître le vaisseau qui avait été entraîné à la dérive.
La caravelle abandonnée reparut aussi sans avoir éprouvé
trop d'avaries. Les Espagnols regagnèrent Hispaniola et, après
avoir réparé les deux navires, firent voile pour l'Espagne et
abordèrent à Palos vers la fin de septembre.

Ainsi se termina le plus désastreux de tous les voyages que
l'on eût faits jusque-là dans le Nouveau Monde. Les créanciers de Pinzon, pendant qu'il était allé à la cour rendre compte
de son expédition, saisirent les deux caravelles et les mirent en
vente. Pinzon adressa une requête aux souverains, demandant
qu'il lui fût permis de vendre lui-même trois cent cinquante
quintaux de bois de teinture qu'il avait rapportés de son expédition et dont le prix suffirait à désintéresser ses créanciers. Les
souverains mirent les autorités civiles de Palos en demeure de
rendre justice à Pinzon, sans léser d'ailleurs sa partie adverse, et
cela sans délai. Mais il est probable qu'il y eut des délais et que
les frais de justice absorbèrent en totalité ou en partie le prix
de la vente, car l'année suivante Pinzon fut autorisé à exporter
une certaine quantité de grain, pour compenser, dit l'ordonnance, les pertes considérables qu'il avait subies pendant son
voyage de découvertes.

En somme Pinzon est le premier Européen qui ait franchi la
ligne équinoxiale dans l'Atlantique, et c'est à lui que revient
l honneur d'avoir découvert le Brésil.

DIEGO DE LEPE ET RODRIGO DE BASTIDE

(1500)

Vicente-Yañez Pinzon avait à peine quitté le port de Palos, que son compatriote Diego de Lepe était parti à son tour pour un voyage de découvertes avec deux vaisseaux. Le seul intérêt que présente ce voyage, c'est que Lepe doubla le cap Saint-Augustin et reconnut la partie du continent qui s'étend dans la direction du sud-ouest. De retour en Espagne, il dressa pour l'archevêque Fonseca la carte de ses voyages, et pendant dix ans il eut la réputation d'avoir poussé ses découvertes au sud plus loin qu'aucun Européen.

En 1500 un riche notaire de Triana, faubourg de Séville, obtint des souverains une licence à condition de réserver pour la couronne le quart des bénéfices, et partit en octobre 1500 pour aller chercher de l'or et des perles. Ce notaire aventureux s'appelait Rodrigo de Bastide. Il s'adjoignit le vieux pilote Juan de la Cosa, cet entreprenant Biscayen qui avait déjà navigué avec Colomb et avec Ojeda. Leurs découvertes commencèrent au cap de la Vela, point extrême du voyage de Ojeda, et s'étendirent jusqu'au cap Nombre de Dios.

Bastide s'est distingué de tous les autres aventuriers de l'époque par son humanité envers les indigènes; Juan de la Cosa, par sa profonde discrétion et par son expérience consommée.

Au moment où ils se disposaient à revenir chargés d'or et de perles, ils s'aperçurent que leurs navires faisaient eau, percés à jour par le broma ou ver marin qui fourmille dans les régions de la zone torride. Ils eurent grand peine à gagner un îlot qui se trouve sur la côte d'Hispaniola. Ayant réparé de leur mieux les ravages du broma, ils partirent pour Cadix. Les vents contraires les retinrent ; les vaisseaux firent eau de nouveau et ne tardèrent pas à sombrer ; mais on avait eu le temps de débarquer ce qu'ils contenaient de plus précieux.

Il s'agissait de gagner San-Domingo par terre ; les équipages furent divisés en trois bandes, qui devaient suivre trois routes différentes, le pays étant trop pauvre pour qu'on pût espérer de trouver à la fois assez de provisions pour tant de monde. Chaque bande emportait des objets de pacotille pour acheter des vivres aux Indiens.

Le gouverneur de l'île était alors Francisco de Bobadilla, qui avait remplacé Colomb. On lui dit que trois bandes d'aventuriers marchaient sur San-Domingo, portant des coffres d'or et faisant avec les Indiens un commerce illicite. Dès que Bastide parut, Bobadilla le fit saisir ; Bastide déclarant n'avoir eu affaire aux Indiens que pour se procurer des vivres et des guides, Bobadilla résolut de l'envoyer en Espagne devant les juges compétents. Il arriva à Cadix en septembre 1502 et les juges l'acquittèrent. Malgré ses pertes et ses mésaventures, il rapportait de quoi enrichir tous ses compagnons. En récompense de ses services et de ses découvertes, les souverains lui assurèrent, sa vie durant, une rente annuelle à percevoir sur les produits de la province d'Uruba, qu'il avait découverte ; Juan de la Cosa reçut une rente pareille et le titre d'alguazil mayor de la province d'Uruba.

SECOND VOYAGE DE ALONSO DE OJEDA

(1502)

Le premier voyage de Alonso de Ojeda ne lui avait rien rapporté ; mais il avait accru sa réputation de hardi et habile aventurier. Fonséca n'eut donc pas de peine à lui rendre les souverains favorables : en échange des services qu'il avait déjà rendus et de ceux qu'on attendait encore de lui, il reçut six lieues de terres dans la partie sud d'Hispaniola et le gouvernement de la province de Coquibacoa, qu'il avait découverte. Il fut autorisé en outre à équiper à ses frais une flottille qui se composerait de dix vaisseaux au plus et à faire un voyage de découvertes le long de la terre ferme. Il ne devait pas trafiquer sur la partie de la côte de Paria où l'on pêchait les perles, ni même y aborder. Sauf cette restriction, il était libre de faire partout ailleurs le trafic des perles, des joyaux, des métaux et des pierres précieuses ; il s'engageait à réserver pour la couronne le cinquième de ses bénéfices et à respecter la liberté des Indiens, sauf certains cas réservés où il recevrait une autorisation spéciale d'en faire des esclaves. Il coloniserait Coquibacoa et, en récompense de ce service, jouirait de la moitié des revenus de la colonie, tant que cette moitié ne s'élèverait pas au-dessus de 300 000 maravédis ; passé cette somme, le surplus reviendrait à la couronne.

On avait de bonnes raisons de le traiter si généreusement ; dans son premier voyage il avait vu ou prétendait avoir vu des Anglais dans le voisinage de Coquibacoa. Les souverains sentaient le besoin de placer en cet endroit un homme résolu qui ne permettrait à personne d'empiéter sur les droits et privilèges de l'Espagne.

Dans de pareilles conditions, il ne fut pas difficile à Ojeda de trouver des bailleurs de fonds. Ces bailleurs furent Juan de Vergara, qui était au service d'un riche chanoine de la cathédrale de Séville, et Garcia de Campos, généralement connu sous le nom d'Ocampo. Un contrat en bonne forme stipulait que l'association aurait une durée de deux ans, et que tous les bénéfices seraient répartis à parts égales. Cependant, au lieu de dix navires, les associés n'en purent équiper que quatre : 1° la *Santa-Maria de la Antigua*, commandée par Garcia de Campos; 2° la *Santa-Maria de la Granada*, commandée par Juan de Vergara; 3° la caravelle *Magdalena*, commandée par Pedro de Ojeda, neveu d'Alonso ; 4° la caravelle *Santa-Ana*, commandée par Hernando de Guevara. Alonso de Ojeda était le chef de l'expédition.

L'expédition mit à la voile en 1502. Après avoir traversé le golfe de Paria, et avant d'atteindre l'île de Margarita, la flottille perdit de vue la caravelle *Santa-Ana* et fut obligée de la chercher pendant plusieurs jours. Comme les vivres commençaient à manquer, les équipages débarquèrent sur un point de la côte que les indigènes appelaient Cumana, et auquel Ojeda donna le nom de Valfermoso, à cause de la beauté et de la fertilité du pays.

Il eut la fâcheuse idée de rançonner le pays, sous prétexte qu'il lui manquait bien des choses pour sa future colonie, et qu'il valait mieux se les procurer dans un endroit où il ne reviendrait jamais que de les extorquer aux voisins de son établissement. D'ailleurs il avait bien recommandé de ne commettre ni déprédations ni cruautés inutiles, mais ses ordres furent méconnus : six ou sept Indiens furent tués, un plus grand nombre blessés, et l'on brûla plusieurs habitations. Les vainqueurs s'emparèrent d'une grande quantité de hamacs de coton et d'ustensiles divers; ils prirent aussi plusieurs

femmes, dont quelques-unes furent mises à rançon, et les
autres emmenées comme esclaves. De tout le butin, il ne con-
serva pour lui qu'un seul Indien.

Comme le pays ne fournissait pas assez de vivres, Ojeda expédia Jean de Vergara à la Jamaïque pour s'en procurer,
et se rendit lui-même au port de Coquibacoa. Mais il trouva
cet endroit si pauvre et si stérile, qu'il suivit la côte jusqu'à
une baie qu'il nomma Santa-Cruz (probablement Bahia-Honda);

il y trouva un Espagnol qui avait été laissé, treize mois auparavant, dans la province de Citarna ; cet homme avait vécu tout
le temps avec les Indiens et connaissait bien leur langue et
leurs usages.

Ojeda résolut de s'établir en cet endroit ; mais les Indiens accueillirent à coups de flèches une petite troupe d'Espagnols qui
se rendaient à l'aiguade et les rejetèrent dans leurs navires.
Ojeda descendit en force et frappa les Indiens d'une telle
épouvante, qu'ils se soumirent aussitôt à sa domination et lui
apportèrent une grande quantité d'or pour se faire pardonner
leur agression.

Comme les Espagnols étaient occupés à bâtir des maisons et à construire un fort, ils furent attaqués par un cacique du voisinage; Ojeda le battit et le força même à quittter le pays. Quand il eut terminé le fort, il l'arma de bombardes et y établit le magasin aux provisions et le trésor. Des officiers désignés à cet effet procédaient chaque jour à deux distributions de vivres; quant au trésor, il fut enfermé dans un coffre-fort à double serrure; l'une des clefs était entre les mains du contrôleur royal, l'autre entre celles d'Ocampo.

Cependant les provisions s'épuisaient; les Indiens ne se montraient plus que pour attaquer les Espagnols et pour les harceler; comme Vergara ne reparaissait pas, on envoya une caravelle à sa recherche. Les gens de l'expédition, trompés dans leurs espérances, commençaient à murmurer; le broma avait attaqué les navires, et les Espagnols pouvaient craindre d'être retenus malgré eux sur cette côte inhospitalière. Pour occuper ses hommes et donner un autre cours à leurs idées, Ojeda les envoya par bandes ravager le pays. Les vivres qu'ils rapportaient, il les faisait déposer dans le magasin; quant à l'or, il l'enfermait dans le coffre-fort, dont il avait pris les deux clefs, au grand mécontentement du contrôleur royal et d'O-campo. On commença à dire dans la colonie qu'Ojeda n'avait aucune autorité sur cette partie de la côte, puisqu'il avait dépassé les limites de son gouvernement et fondé une colonie dans la partie du pays découverte par Bastide.

Sur ces entrefaites Vergara arriva de la Jamaïque; Ocampo, devenu l'ennemi personnel d'Ojeda depuis l'affaire des clefs, eut une entrevue secrète avec Vergara et le décida à prêter les mains à un complot contre le gouverneur. Invité à venir sur la caravelle de Vergara pour voir les provisions qu'il apportait, Ojeda fut en butte aux plus amères récriminations : on l'accusait d'être sorti des limites de son gouvernement, d'avoir provoqué l'hostilité des Indiens et sacrifié sans utilité la vie de ses hommes; surtout d'avoir mis la main sur le coffre-fort, au mépris de l'autorité du contrôleur royal et avec l'intention de s'approprier tous les bénéfices de l'entreprise; on lui déclara donc qu'il serait envoyé sous bonne garde à Hispaniola pour y rendre compte de sa conduite au gouverneur. Ojeda, se voyant pris, proposa à Vergara et à Ocampo de repartir pour l'Espagne avec tous ceux qui voudraient les suivre et de le laisser avec les autres poursuivre son entreprise. Ils convinrent alors de laisser à Ojeda la plus petite des caravelles, le tiers des provisions et le tiers des bénéfices, et de lui construire une galère. Au bout de quelques jours ils se ravisèrent et trouvèrent plus avantageux de ne lui rien donner et de l'emmener prisonnier.

Quand il eut vent de leur nouvelle décision, Ojeda essaya de s'enfuir; mais il fut arrêté et mis aux fers. Aussitôt les deux associés quittèrent Santa-Cruz, emmenant toute la colonie avec le gouverneur prisonnier et emportant le coffre-fort en litige.

En vue d'Hispaniola, Ojeda se jeta à la mer pendant la nuit, espérant gagner la côte à la nage; mais comme il avait encore les fers aux pieds, il fut sur le point de se noyer et cria à l'aide. On le rapporta à bord à moitié noyé.

Vergara et Ocampo le livrèrent aux autorités; mais ils eurent bien soin de garder le coffre-fort : ce qui donna lieu plus tard à Ojeda de dire qu'ils avaient eu toute liberté d'y puiser à pleines mains sans se soucier des droits de la couronne. Ojeda passa en jugement à San-Domingo vers la fin de septembre 1502. Il fut dépouillé de tout ce qu'il avait et condamné en outre à restituer à la couronne ce qui devait lui revenir des profits du voyage. Il en appela au souverain, qui le déchargea de sa condamnation et enjoignit de lui rendre tout ce qu'on lui avait pris. Mais les frais du procès avaient dévoré d'avance tout ce qu'il pouvait prétendre sur le contenu du coffre-fort, et il fallut un ordre royal pour le tirer des mains du gouverneur.

TROISIÈME VOYAGE DE ALONSO DE OJEDA

CHAPITRE PREMIER

Pendant quelques années nous perdons sa trace; nous savons cependant qu'il fit un autre voyage dans les environs de Coquibacoa en 1505. Il est à croire que ce voyage ne lui fut pas plus profitable que les deux autres, car nous le retrouvons en 1508 à Hispaniola, presque dans la misère, mais nullement découragé.

La cupidité de Ferdinand avait été vivement excitée par les rapports que lui faisait Colomb sur les mines d'or de Véragua; il résolut de fonder des colonies régulières le long de cette côte. Colomb l'avait déjà tenté, mais lui et son frère don Barthélemy avaient échoué. L'amiral étant mort, il semble que le roi Ferdinand aurait dû jeter les yeux tout d'abord sur son frère; mais l'adelantado était trop fier pour ne pas faire ses conditions; c'est pour cela que le roi chercha quelque agent plus souple et plus maniable. Les amis d'Ojeda mirent son nom en avant. Par malheur Ojeda était à Hispaniola et il n'avait pas d'argent. Juste à ce moment se trouvait aussi à Hispaniola le vieux Juan de la Cosa, qui passait par le Nestor des navigateurs. La Cosa avait la plus haute opinion du courage et des talents du jeune aventurier; plus heureux que lui, il s'était enrichi à courir les mers; généreux comme un marin, il mit sa bourse à la disposition d'Ojeda.

Il fut convenu que Juan de la Cosa partirait pour l'Espagne, qu'il s'efforcerait de faire nommer Ojeda au gouvernement de la terre ferme, et, en cas de succès, équiperait à ses frais les navires.

La recommandation de Fonseca était toute-puissante auprès du roi. Juan de la Cosa s'adressa à lui ; mais il se présentait un concurrent qui avait sur lui l'avantage d'être plus riche et d'appartenir à une famille considérable. Ce concurrent c'était Diego de Nicuesa, un courtisan accompli, de grande naissance, et qui avait été grand écuyer tranchant de don Enrique Enriquez, oncle du roi. Par son caractère, son éducation et ses habitudes, il semblait destiné à être le rival d'Ojeda. De petite taille comme lui, il était bien fait, vigoureux et actif; il excellait dans le maniement de toutes les armes connues et s'était fort distingué dans les joutes ou carrousels mauresques ; c'était un cavalier accompli : il connaissait à fond toutes les ballades légendaires, tous les romans de son pays, et on citait son talent sur la guitare ! Voilà, tels que nous les transmet l'évêque Las Casas, les titres qui le désignaient au choix de Sa Majesté pour aller commander en plein pays sauvage. Il est probable cependant qu'il offrait des garanties plus sérieuses, car il avait déjà fait le voyage d'Hispaniola dans la suite militaire du gouverneur Ovando.

Pour s'épargner l'embarras du choix, Ferdinand désigna les deux concurrents, en leur conférant des titres et des dignités qui ne lui coûtaient rien et dont il comptait bien tirer de grands profits. Il divisa en deux provinces la partie du continent qui avoisine l'isthme de Darien, la ligne de partage traversant le golfe d'Uraba. La partie située à l'est de cette ligne, jusqu'au cap Vela, fut appelée Nouvelle-Andalousie et confiée à Ojeda ; la partie située à l'ouest, renfermant Veragua et bornée par le cap Gracias-a-Dios, fut assignée à Nicuesa. L'île de la Jamaïque fut un terrain neutre où les deux gouverneurs pourraient s'approvisionner. Chacun des gouverneurs devait élever deux forts dans son district, et jouirait des produits des mines pendant dix ans, à la condition de payer à la couronne un dixième

la première année, un neuvième la seconde, un huitième la
troisième, et ainsi de suite jusqu'à l'expiration de la dixième
année.

Juan de la Cosa fut nommé lieutenant du gouverneur Ojeda,
avec le titre d'alguazil mayor de la colonie. Il fréta aussitôt un
vaisseau et deux brigantins et enrôla environ deux cents
hommes. C'était peu pour accomplir une si grande entreprise;
mais la fortune de Juan de la Cosa n'était pas considérable et
Ojeda n'avait rien. Nicuesa, qui avait de l'argent, équipa quatre
vaisseaux de haut bord et deux brigantins qu'il chargea de
munitions et de provisions en abondance; il emmenait avec
lui une petite armée.

CHAPITRE II

Les deux flottilles arrivèrent à San-Domingo presque en
même temps. Nicuesa, chemin faisant, avait touché à Santa-Cruz,
une des îles Caraïbes, et y avait fait deux cents prisonniers
qu'il se proposait de vendre comme esclaves à Hispaniola. Cet
acte abominable ne choquait pas les contemporains : les théologiens eux-mêmes approuvaient la traite des Caraïbes, sous
prétexte qu'ils étaient anthropophages !

Ojeda reçut à bras ouverts le brave Juan de la Cosa ; mais, trouvant que sa flotte faisait pauvre figure à côté de celle de Nicuesa, il chercha autour de lui de nouvelles ressources. Il mit
la main sur un homme de loi ambitieux, le bachelier Martin-
Fernandez de Enciso, qui avait gagné 2000 castellanos à plaider le pour et le contre. Ojeda sut lui inspirer le dégoût de son
métier et la passion des aventures. Il le décida tout à fait en
lui proposant d'être alcade mayor (chef de la justice) dans le
gouvernement provincial qu'il allait fonder.

Le bachelier fut assez mal avisé pour risquer toute sa fortune
dans l'entreprise. Il fut convenu qu'Ojeda partirait tout de suite
avec les trois navires de Juan de la Cosa et que le bachelier
resterait à Hispaniola pour y faire des recrues et y amasser des
provisions ; il équiperait ensuite un navire à ses frais et viendrait rejoindre ses associés.

Cependant la rivalité de Nicuesa et d'Ojeda avait déjà éclaté à
San-Domingo, d'abord à propos de l'île de la Jamaïque, laissée

indivise entre eux, ensuite à propos de la province de Darien,
que chacun des deux voulait comprendre dans les limites de son
gouvernement. Nicuesa, élevé à la cour, savait mieux se contenir que son rival et avait plus que lui l'habitude de la parole.
Ojeda, à bout de raisons, proposa de régler le différend par un
combat singulier. Nicuesa, qui était brave, ne refusa pas le

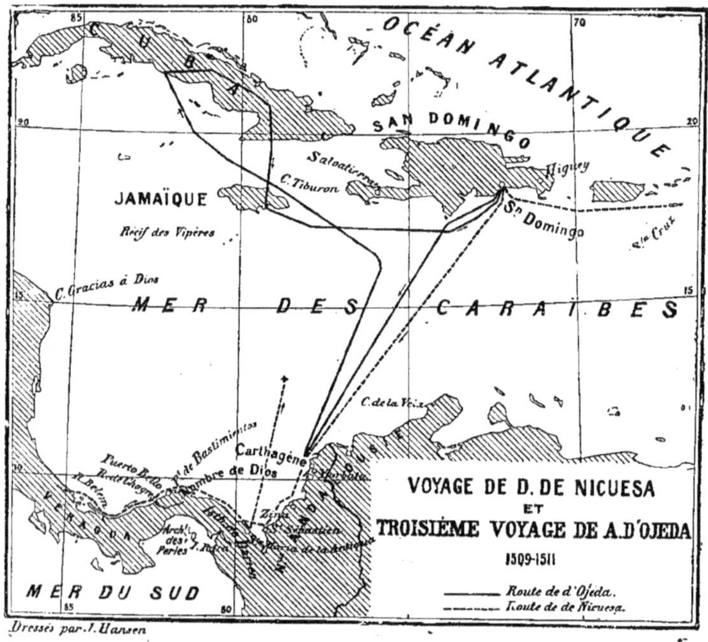

cartel mais il y mit une condition qui embarrassa très fort le
pauvre Ojeda. Avant de se rendre sur le terrain, les deux ad-
versaires déposeraient une somme de 5000 castellanos qui serait le prix de la victoire.

Trop pauvre pour déposer les 5000 castellanos et trop orgueilleux pour avouer qu'il ne les avait pas, Ojeda se trouva
fort embarrassé, et sa fougue belliqueuse commença à se

calmer. Il finit par céder aux représentations du brave Juan de la Cosa, qui était un homme d'un grand bon sens et qui, peut-être pour cette raison, avait un faible pour la bouillante valeur d'Ojeda. Le duel n'eut pas lieu, et les deux gouverneurs acceptèrent comme limite la rivière Darien.

En disposant des deux gouvernements sans l'aveu de l'amiral don Diego Colomb, le roi avait porté atteinte à ses privilèges. L'amiral ne se perdit pas en récriminations inutiles; mais, comme l'île de la Jamaïque était presque sous sa main, il prit sur lui de trancher la querelle soulevée par les prétentions des deux rivaux. Il les mit d'accord en prenant possession de l'île, et y envoya soixante-dix hommes commandés par un brave officier, Juan de Esquibel, le même qui avait subjugué la province de Higuey.

C'est au moment de s'embarquer lui-même que Ojeda apprit la décision de l'amiral. Il s'emporta en menaces contre lui, et déclara que si jamais Esquibel lui tombait sous la main, il lui ferait couper la tête.

Comme Nicuesa était séduisant et qu'on le regardait comme un homme riche, il se présenta tant d'aventuriers pour faire partie de son expédition, qu'il fut obligé de se procurer encore un autre navire. Mais il avait dépensé sans compter et se trouvait à court d'argent. Pour complaire à l'amiral Diego, qui ne l'aimait pas et qui voyait son expédition d'un mauvais œil, ses créanciers se mirent à le harceler. Au moment même de s'embarquer, il fut arrêté pour une somme de 500 ducats et menacé de la prison s'il ne payait sur l'heure.

Un notaire public qui se trouvait là eut pitié de sa détresse et déclara que, plutôt que de voir un si galant homme réduit à une pareille extrémité, il payerait lui-même les 500 ducats. Nicuesa, immédiatement relâché, se hâta de prendre la mer avec sept cents hommes d'élite bien armés et six chevaux.

CHAPITRE III

C'est le 10 novembre 1509 qu'Alonso de Ojeda était parti de San-Domingo avec deux vaisseaux, deux brigantins et trois cents hommes. Parmi les aventuriers qui l'accompagnaient se trouvait François Pizarre, destiné à immortaliser son nom par la conquête du Pérou. Fernand Cortès devait aussi faire partie de l'expédition, mais il fut retenu à terre par une inflammation du genou.

Le voyage fut rapide et s'accomplit sans accident; la flottille vint mouiller dans le port de Carthagène. Juan de la Cosa connaissait bien le pays, l'ayant déjà visité à l'époque où Rodrigo de Bastide le découvrit en 1501; il mit Ojeda en garde contre les indigènes, qui étaient de race caraïbe et aussi belliqueux que les habitants des îles étaient doux et inoffensifs. Irrités par les mauvais procédés des derniers voyageurs qui avaient visité le pays, les habitants, à la vue des navires, se précipitaient en armes vers le rivage.

Juan de la Cosa conseilla à Ojeda de quitter ce dangereux voisinage et de s'établir dans le golfe d'Uraba, où les indigènes étaient moins féroces et ne faisaient pas usage de flèches empoisonnées. Ojeda était trop orgueilleux pour reculer devant des sauvages qui combattaient tout nus; peut-être d'ailleurs désirait-il avoir un prétexte pour faire des prisonniers et les vendre comme esclaves, car il avait beaucoup de dettes. Il débarqua donc à la tête d'une partie de ses forces et accompagné d'un certain nombre de moines qui venaient travailler à la conversion des Indiens. Ne pouvant l'empêcher de se jeter au-devant du danger, le fidèle Juan de la Cosa l'accompagna pour le seconder.

Ojeda s'avança vers les sauvages et donna ordre aux moines de leur lire tout haut une formule récemment rédigée par les plus habiles jurisconsultes et les plus profonds théologiens de l'Espagne. Voici ce document : « Moi, Alonso de Ojeda, serviteur des très hauts et très puissants souverains de Castille et de Léon, conquérants des nations barbares, leur envoyé et leur capitaine, je vous notifie et je vous fais savoir, par les voies et moyens dont je dispose, que Dieu notre Seigneur, un et éternel, a créé le ciel et la terre, un seul homme et une seule femme, dont nous procédons vous et nous, et tous les peuples de la terre, aussi bien ceux qui existent maintenant que ceux qui sont encore à naître. » La formule exposait ensuite les principes fondamentaux de la foi catholique; le pouvoir suprême conféré à saint Pierre sur le monde et sur la race humaine et exercé par le pape son représentant; la donation faite par un des derniers papes de cette partie du monde et de ses habitants aux souverains catholiques de la Castille, l'obéissance volontaire d'un grand nombre d'habitants des îles et de la terre ferme envers les agents et les représentants de ces souverains. Les Indiens présents étaient sommés de se convertir et de se soumettre; en cas de refus, on les menaçait de toutes les horreurs de la guerre.

Tel était cet étrange document. A partir de cette époque, on ne négligea jamais de le lire aux habitants des pays nouvellement découverts, comme pour sanctifier la violence dont on se disposait à user envers eux.

Ojeda adressa ensuite aux sauvages des signes d'amitié et leur offrit de loin des objets de pacotille. Les Indiens, qui avaient été déjà maltraités par les blancs, se mirent à brandir leurs armes et se préparèrent à l'attaque.

Juan de la Cosa fit encore une tentative pour avertir Ojeda ; mais Ojeda, tirant son épée et se couvrant de son bouclier, s'élança sur les ennemis après avoir adressé une courte prière à la Vierge, en la protection de laquelle il avait une foi absolue.

Les Indiens furent mis en déroute et on leur fit quelques prisonniers ; ces gens portaient des plaques d'or, mais l'or était d'une qualité inférieure. Ojeda, guidé par ses prisonniers, poursuivit les ennemis jusque dans les bois, les atteignit et se jeta sur eux en poussant le vieux cri de guerre castillan : « Saint Jacques ! » Encore une fois les Indiens prirent la fuite, sauf huit des plus braves, qui se retranchèrent dans une hutte et tinrent pendant un certain temps les Espagnols à distance. A la fin, sur l'ordre de Ojeda, on mit le feu à la hutte, et les huit guerriers périrent dans les flammes.

Soixante-dix prisonniers furent envoyés aux navires, tandis que Ojeda s'acharnait à poursuivre les Indiens dans les bois, malgré toutes les remontrances de Juan de la Cosa. A la tombée de la nuit les Espagnols arrivèrent à un village nommé Yurbaco ; les habitants s'étaient réfugiés dans les montagnes avec leurs femmes, leurs enfants et ce qu'ils avaient de plus précieux. Les croyant trop effrayés pour faire un retour offensif, les Espagnols se débandèrent pour piller les huttes. Au moment où ils s'y attendaient le moins, ils furent assaillis de tous les côtés à la fois, cernés par petits groupes et décimés par les massues et les flèches empoisonnées.

Au premier cri d'alarme, Ojeda, suivi de quelques soldats, s'était réfugié dans une petite enceinte protégée par des palissades. Tous ses compagnons furent tués à ses côtés ; quelques-uns, atteints de flèches empoisonnées, expirèrent sous ses yeux dans les plus horribles souffrances. La Cosa apparut dans ce moment critique, suivi de quelques braves, et réussit à dégager Ojeda ; mais il avait perdu beaucoup de monde et lui-même avait été grièvement blessé. Ojeda s'élança comme un tigre au milieu des ennemis et disparut. La Cosa, retenu par ses blessures, se

réfugia avec les hommes qui lui restaient dans une hutte indienne dont il fit enlever le toit de paille, auquel les Indiens
n'auraient pas manqué de mettre le feu. Les compagnons de la
Cosa tombèrent un à un; lui-même, criblé de blessures et sentant qu'il allait mourir, dit au dernier survivant : « Frère,
puisque Dieu t'a préservé, sauve-toi bien vite; et si jamais tu
revois Ojeda, dis-lui comment j'ai succombé. »

Ainsi périt le noble Juan de la Cosa, fidèle et dévoué jusqu'à
son dernier soupir, et, seul des soixante-dix hommes qui
avaient accompagné Ojeda, le dernier compagnon de la Cosa put
regagner le rivage et raconter l'affreux désastre.

CHAPITRE IV

Cependant Ojeda n'avait point reparu à bord des navires.
Après plusieurs jours de recherches infructueuses dans les bois
et sur le rivage, ses compagnons se préparaient à partir, lorsque, en fouillant une dernière fois le rivage, ils le trouvèrent à
demi mort de faim et de fatigue dans un bois de mangliers, au
bord de la mer. Après avoir fait une trouée dans les rangs des
Indiens, il avait erré dans les bois et dans les montagnes;
arrivé en vue de la mer, il n'avait pas eu la force de gagner les
navires, et il s'était couché sur les racines des mangliers, couvert de son bouclier, l'épée à la main, pour y attendre la mort.

Ses compagnons étaient encore sur le rivage, autour d'un
grand feu qu'ils avaient allumé pour le ranimer, lorsqu'ils
aperçurent une escadre qui se dirigeait vers le port de Carthagène; ils reconnurent aussitôt les vaisseaux de Nicuesa. Ojeda,
à peine ranimé, fut saisi d'une grande angoisse, car il avait
récemment provoqué son rival; si Nicuesa arrivait avec des
intentions hostiles, il ne lui serait que trop facile de tirer vengeance d'un ennemi désarmé. Il ordonna donc à ses hommes
de regagner leurs navires pendant qu'il resterait caché à terre
et de laisser ignorer à Nicuesa le lieu de sa retraite.

Mais il reconnut aussitôt qu'il avait mal jugé son ancien rival
et que ses craintes étaient sans fondement. Nicuesa, qui avait le
caractère chevaleresque et généreux, s'émut du récit de ses
malheurs et déclara qu'il était disposé à le traiter comme son
propre frère.

Quand Ojeda lui fut amené, il le reçut à bras ouverts. « Il ne convient pas à des hidalgos, lui dit-il, d'agir comme les hommes ordinaires et de se garder rancune du passé ; quand ils voient un rival dans le malheur. Oublions tout ce qui s'est passé, usez de moi comme d'un frère ; moi et mes hommes nous sommes à vos ordres, disposés à vous suivre partout où il vous plaira de nous conduire, jusqu'à ce que nous ayons vengé Juan de la Cosa et ses camarades. »

Les deux gouverneurs, désormais amis, firent descendre à terre quatre cents hommes et quelques chevaux et marchèrent droit sur le village où les gens d'Ojeda avaient été massacrés. Ils s'en approchèrent de nuit, divisés en deux corps d'armée ; la consigne était de ne pas laisser un seul Indien vivant.

Des bandes de perroquets réveillés par le passage des Espagnols se mirent à faire retentir les bois de leurs cris perçants ; sans nul doute les Indiens auraient pris l'alarme s'ils ne s'étaient crus absolument certains d'avoir exterminé tous leurs ennemis. Ils ne sortirent de leur sécurité que quand les Espagnols les attaquèrent et mirent le feu à leurs cabanes. Ceux qui essayèrent de fuir furent tués sur place ou rejetés dans les flammes ; les femmes qui fuyaient avec leurs enfants dans leurs bras s'y précipitèrent d'elles-mêmes, épouvantées à la vue des armures et surtout des chevaux. Comme ils se l'étaient promis, les Espagnols ne firent pas de quartier, même aux femmes, ni même aux enfants.

Après le massacre, le pillage commença ; les Espagnols, en cherchant l'or des Indiens, trouvèrent le corps du malheureux Juan de la Cosa. L'effet des armes empoisonnées avait été terrible : la vue de ce cadavre hideusement défiguré inspira aux soldats une si profonde horreur, que pas un seul ne consentit à passer la nuit en cet endroit. Le pillage fut si fructueux, que la part de Nicuesa et de ses hommes s'éleva à sept mille castellanos. Les deux gouverneurs se séparèrent en amis, et Nicuesa remit à la voile pour gagner la côte de Veragua.

CHAPITRE V

Ojeda, instruit par l'expérience, renonça à l'idée de fonder une colonie sur une côte aussi inhospitalière et gagna le golfe d'Uraba. Après avoir vainement cherché la rivière Darien, où les Indiens disaient que l'on recucuillait de l'or en abondance, il visita successivement différents points de la côte, en quête d'un emplacement convenable. Ses hommes, dont l'imagination avait été vivement frappée par les récents désastres de l'expédition, ne voyaient partout que monstres et cannibales. La vigueur des Indiens les épouvantait, et les armes empoisonnées leur causaient un effroi mêlé d'horreur. Le pays sans doute était fertile et couvert d'une abondante végétation, mais les forêts retentissaient de hurlements sauvages et devaient servir de retraite à des tigres, à des panthères et même à des lions ; à chaque instant, dans les rochers et dans les fourrés, on rencontrait des serpents venimeux. Un jour, au bord d'une rivière, un cheval avait été saisi par la jambe, et entraîné au fond de l'eau par un énorme alligator.

A la fin, Ojeda choisit un emplacement sur une hauteur, à l'extrémité est du golfe. On bâtit des maisons à la hâte et l'on donna à la capitale naissante le nom de Saint-Sébastien. Comme ce martyr a été tué à coups de flèches, le fondateur espérait qu'il protégerait ses compagnons contre les flèches empoisonnées des Indiens. Pour surcroît de précautions, Ojeda éleva un fort et entoura la ville d'une palissade. Comme il avait trop peu de monde pour résister aux attaques des Indiens, il dépêcha un navire à Hispaniola, et écrivit à son alcade major, le bachelier Martin-Fernandez de Enciso, de lui envoyer promptement des armes, des recrues et des provisions. En même temps il envoyait à San-Domingo l'or qu'il avait recueilli et les Indiens qu'il avait faits prisonniers.

Ayant ainsi pourvu au plus pressé, il résolut d'aller faire une visite amicale à un cacique voisin qui avait la réputation d'avoir amassé beaucoup d'or. Mais les Indiens commençaient à comprendre ce que les Espagnols entendaient par une visite amicale ; aussi les attaquèrent-ils dans l'épaisseur de la forêt. Plusieurs Espagnols furent tués sur place ; d'autres, blessés par des flèches empoisonnées, expirèrent dans d'horribles tortures ; les survivants, frappés de crainte et d'horreur, rentrèrent en désordre dans le fort.

La terreur inspirée par les armes empoisonnées était telle, que les compagnons d'Ojeda ne consentirent à sortir de leur refuge que quand les provisions commencèrent à manquer et qu'il fut absolument nécessaire de s'en procurer d'autres.

Ayant essuyé une seconde défaite dans une gorge des montagnes, ils s'enfermèrent de nouveau dans le fort, aimant mieux se nourrir d'herbes et de racines souvent nuisibles que de s'exposer aux flèches empoisonnées. La faim et la maladie décimèrent la garnison : la mort paraissait une délivrance à ces malheureux, condamnés à une vie d'horreur et de désespoir.

CHAPITRE VI

Non contents de traquer les fourrageurs et d'enlever les hommes isolés, les Indiens commençaient à menacer ouvertement la place. De temps en temps, à la tête de quelques hommes, résolus, Ojeda faisait une sortie ; et comme il était plus brave et plus agile que les autres, il pénétrait toujours le premier dans les rangs des fuyards ; plus exposé, par conséquent, que tous ses compagnons, il n'avait cependant jamais été blessé. Aussi les Indiens commençaient-ils à croire que sa vie était protégée par un charme ; peut-être aussi quelques-uns des leurs, qui avaient été prisonniers des Espagnols, apprirent-ils à leurs compatriotes qu'il se croyait protégé par une influence surnaturelle.

Quoi qu'il en soit, ils résolurent de savoir à quoi s'en tenir. A cet effet ils placèrent en embuscade quatre de leurs archers les plus adroits, avec ordre de ne viser que lui. Ils simulèrent une attaque sur le fort, et Ojeda ne manqua pas de s'élancer à leur poursuite. Des quatre flèches tirées sur lui, trois furent parées par son bouclier, la quatrième le blessa à la cuisse. Assurés désormais qu'il n'en reviendrait pas, les sauvages se retirèrent en poussant des hurlements de triomphe.

Ojeda fut rapporté au fort dans un fâcheux état de corps et d'esprit. C'était la première fois qu'il était blessé dans une bataille : le charme était rompu, ou plutôt la sainte Vierge cessait de le protéger. Il avait désormais devant les yeux la mort horrible de tous ceux qui avaient été blessés par les sauvages.

Un des symptômes de l'empoisonnement, c'était un froid glacial qui envahissait la partie blessée ; cette circonstance suggéra à Ojeda l'idée d'un remède que bien peu de gens auraient eu le courage d'appliquer. Il fit chauffer à blanc deux plaques de fer et ordonna à un chirurgien de les appliquer aux deux orifices de la blessure. Le chirurgien commença par refuser, déclarant qu'il ne voulait pas avoir à se reprocher la mort de son général ; mais Ojeda vainquit sa résistance en jurant solennellement de le faire pendre s'il n'obéissait à l'instant. Il subit l'effroyable opération sans permettre qu'on l'attachât ou même qu'on le tînt. Il ne sourcilla pas ; mais il se produisit une telle inflammation, qu'on fut obligé d'envelopper le patient dans des draps imbibés de vinaigre que l'on remplaçait fréquemment ; Ojeda survécut tout à la fois au mal et au remède. Le bon évêque Las Casas explique la chose en disant que le froid du poison fut détruit par la violence du feu. Nous donnons cette explication pour ce qu'elle vaut, et nous doutons fort qu'elle satisfasse les médecins ; peut-être même quelques sceptiques insinueront-ils que la flèche n'était pas empoisonnée.

CHAPITRE VII

Alonso de Ojeda était sauvé, mais condamné pour longtemps à l'inaction. Comme il était l'âme de la colonie, ses compagnons tombèrent dans le plus profond découragement. Ils n'attendaient plus que la mort, lorsque l'apparition d'une voile en mer ranima leur courage abattu. Le navire avait jeté l'ancre au pied des hauteurs de Saint-Sébastien; personne ne douta qu'il n'amenât les renforts et les secours que l'on attendait du bachelier Enciso.

Mais il ne venait point de la part d'Enciso. Un aventurier nommé Bernaldino de Talavera se trouvait à San-Domingo à l'arrivée du navire qu'Ojeda avait expédié avec une cargaison d'or et d'esclaves. Perdu de dettes, ne sachant plus où donner de la tête, il avait conçu l'audacieux dessein d'échapper à ses créanciers, en partant pour Saint-Sébastien à la tête d'une bande d'aventuriers de son espèce, après s'être procuré un navire n'importe par quel moyen. Il pensait qu'Ojeda, trop heureux de recevoir des recrues, fermerait les yeux sur les moyens que l'on aurait employés pour les lui procurer.

Il apprit un jour qu'il y avait près du cap Tiburon, à l'extrémité ouest d'Hispaniola, un navire chargé de lard et de pain de cassave qui appartenait à un Génois. Les bandits de Talavera, au nombre de soixante-dix, partirent séparément en se donnant rendez-vous à un endroit convenu. Une fois réunis, ils s'emparèrent du vaisseau par la force et mirent à la voile. Comme ils n'entendaient presque rien à la manœuvre, on s'explique à peine comment ils purent gagner Saint-Sébastien.

Quoique la cargaison ne leur eût coûté que la peine de la prendre, ils la revendirent fort cher, et Ojeda, pressé par la nécessité, dut accepter leurs conditions. En administrateur prudent, il fit mettre ses provisions en lieu de sûreté et les distribua avec une sévère parcimonie, en vue de l'avenir. Bien des malheureux, mécontents de leurs parts, l'accusèrent de vouloir vivre dans l'abondance à leurs dépens. Il y avait peut-être quelque chose de fondé dans leurs plaintes, non pas qu'Ojeda fût d'un caractère égoïste, mais il était hanté depuis plusieurs années par l'idée qu'il était destiné à mourir de faim.

Quoi qu'il en soit, plusieurs des mécontents le menacèrent de le quitter et de retourner à Hispaniola sur le navire volé. Il réussit néanmoins à les apaiser, en leur faisant comprendre qu'il était parcimonieux par nécessité et pour assurer l'avenir, et que d'ailleurs le bachelier Enciso arriverait au premier jour avec d'abondantes provisions.

CHAPITRE VIII

Comme les secours promis n'arrivaient pas et que l'on recommençait à souffrir de la faim, quelques factieux résolurent de s'emparer d'un des navires qui étaient dans le port pour retourner à Hispaniola. Ojeda, à peine convalescent, leur offrit d'aller en personne à San-Domingo. Telle était la confiance qu'inspirait son énergie et son influence, que les plus désespérés entrèrent en arrangement avec lui. Ils convinrent de l'attendre à Saint-Sébastien pendant cinquante jours; s'ils n'avaient pas de ses nouvelles dans cet intervalle, ils étaient libres de s'en retourner à Hispaniola. François Pizarre commanderait la colonie comme lieutenant d'Ojeda en attendant l'arrivée de son alcade mayor, le bachelier Enciso. Ojeda partit sur le navire de Bernaldino de Talavera : Bernaldino lui-même, dégoûté des aventures depuis qu'il avait vu l'état misérable de la colonie, s'était décidé à retourner à Hispaniola, au risque d'être arrêté comme voleur.

CHAPITRE IX

A peine à bord, Ojeda eut une violente querelle avec Talavera, qui prétendait conserver le commandement du navire; selon son habitude, il voulut vider la querelle l'épée à la main et provoqua tout l'équipage. Les gens de Talavera n'acceptèrent pas son défi et se contentèrent de le charger de chaînes. Mais ils furent bientôt forcés de faire amende honorable : le vaisseau, assailli par une violente tempête, s'en allait à la dérive, à chaque minute en danger de sombrer; ces gens n'entendaient rien à la manœuvre et ne connaissaient point ces parages : ils délivrèrent Ojeda de ses chaînes, à la seule condition qu'il servirait de pilote pendant tout le reste du voyage. Malgré son énergie et son habileté, Ojeda ne put gagner Hispaniola : le vaisseau, emporté hors de sa route par les vents et le gulf-stream, battu par la tempête et presque disloqué, vint s'échouer sur la côte sud de Cuba. L'équipage n'eut plus d'autre alternative que de traverser l'île à pied et de gagner la côte orientale, pour y chercher les moyens de revenir à Hispaniola.

CHAPITRE X

Tout en se défiant d'Ojeda à cause des torts qu'ils avaient
eus envers lui, les bandits de Talavera, en présence de nouvelles difficultés et de nouveaux dangers, le reconnurent pour
leur chef. Cuba n'était pas encore colonisée et servait de refuge aux malheureux Indiens que le désespoir chassait d'Hispaniola ; les forêts en étaient remplies, et plus d'une fois ils
attaquèrent les naufragés. Ojeda les repoussa sans trop de
peine, mais il s'aperçut bien vite que leurs récits avaient inspiré aux gens de Cuba une haine profonde contre les hommes
blancs. Voyant d'autre part que ses compagnons étaient trop
abattus pour s'ouvrir un chemin par la force à travers les villages et pour franchir les montagnes escarpées de l'intérieur,
il évita les villages et conduisit sa troupe à travers les épaisses
forêts et les immenses savanes qui s'étendaient entre les montagnes et la mer. Pendant trente jours ces malheureux marchèrent à travers les marécages, ayant de l'eau et de la boue
jusqu'aux genoux et quelquefois jusqu'à la ceinture. Ils eurent
à souffrir horriblement de la faim et même de la soif, car
l'eau des marécages était aussi saumâtre que celle de l'Océan.
Pour dormir ils étaient obligés de se hisser sur les racines de
mangliers qui abondaient dans cette région. Plusieurs d'entre
eux se noyèrent au passage des rivières, d'autres périrent
étouffés dans la boue. Ojeda cependant ne se laissait pas abattre,
et il trouvait encore moyen de donner du courage à ses com-

pagnons. Il portait toujours dans son havre-sac le petit tableau flamand qui représentait la sainte Vierge et que lui avait donné Fonseca. Quand il s'arrêtait pour prendre quelque repos sur les racines des mangliers, il ne manquait jamais de placer son petit tableau parmi les branches et de se mettre à genoux pour prier dévotement. Ses compagnons suivaient son exemple. Dans un de ses plus cruels moments d'angoisse il fit vœu de bâtir une chapelle à la Vierge dans le premier village indien qu'il pourrait atteindre, et d'y laisser son tableau comme un objet d'adoration pour les infidèles.

Enfin, après avoir mis trente jours pour faire trente lieues, les Espagnols virent la fin de leurs maux; seulement ils avaient laissé en route trente-cinq hommes sur soixante-dix.

Les premiers Indiens qui les aperçurent, touchés de leur misère, les traitèrent avec une bonté qui aurait fait honneur à des chrétiens. « Il en est toujours ainsi, dit le vénérable Las Casas, lorsqu'ils ne sont pas exaspérés par les mauvais traitements. »

CHAPITRE XI

A peine remis de ses souffrances, Ojeda, pour accomplir son vœu, bâtit un petit oratoire dans le village, et y érigea un autel au-dessus duquel il plaça son tableau. Ensuite il expliqua de son mieux à l'excellent cacique Cueybas les principaux points de la foi catholique, et particulièrement l'histoire de la sainte Vierge.

Cueybas et ses sujets conçurent pour le tableau une profonde vénération ; et, après le départ de Ojeda et de ses compagnons, entretinrent soigneusement l'oratoire et suspendirent aux murs de nombreuses offrandes votives. Ils composèrent même des *areytos* ou hymnes en l'honneur de la Vierge, qu'ils chantaient en dansant sous les arbres, autour de la chapelle.

Las Casas raconte qu'ayant eu occasion, quelque temps après, de passer par le village du cacique Cueybas, il trouva la chapelle entretenue avec le plus grand soin, et que les gens du village s'empressèrent de faire baptiser leurs enfants. Le bon évêque, qui avait beaucoup entendu parler de la fameuse relique de Ojeda, témoigna le désir de l'échanger contre une autre peinture qu'il avait apportée. Le cacique parut très troublé, et la nuit suivante enleva la relique et l'emporta dans les bois, où il se tint caché jusqu'au départ de Las Casas et de sa suite.

CHAPITRE XII

Quand les compagnons de Ojeda furent assez bien remis de leurs fatigues pour continuer leur voyage, Cueybas leur donna des vivres, des porteurs et des guides chargés de les conduire jusque dans la province de Macaca. C'était la partie de l'île la plus rapprochée de la Jamaïque.

Il y avait à la Jamaïque un établissement espagnol sous le commandement de ce même Juan de Esquibel que Ojeda avait menacé de lui couper la tête s'il le rencontrait. Pour la seconde fois il fut obligé d'implorer le secours d'un ancien ennemi. Le cacique de Macaca mit à sa disposition un canot, et Ojeda envoya en parlementaire sur cette frêle embarcation un de ses compagnons nommé Pedro d'Ordas. Esquibel se conduisit en galant homme : ayant envoyé une caravelle pour ramener les malheureux naufragés, il montra à Ojeda la plus grande considération et les plus grands égards, et ils se quittèrent bons amis.

On n'a que trop souvent, dans le cours de ce récit, occasion de s'étonner en voyant les Espagnols, si courtois et si charitables entre eux, se conduire avec tant de dureté et de cruauté avec les pauvres Indiens. Le même Esquibel, qui montra tant d'humanité et de bonté envers Ojeda, avait mis à feu et à sang la province de Higuey, à Hispaniola, sous le gouvernement de Ovando, et avait infligé aux habitants les supplices les plus atroces et les plus odieux.

Talavera et les siens restèrent prudemment à la Jamaïque lorsque Ojeda s'embarqua pour San-Domingo. Outre qu'ils craignaient de passer en jugement pour avoir volé le vaisseau génois, ils pensaient que Ojeda, au lieu de les défendre, chercherait à se venger des violences dont il avait été victime. Mais ils le jugeaient mal. Las Casas, qui le connaissait bien, affirme qu'il était absolument incapable de garder rancune aux gens qui lui avaient fait du tort.

CHAPITRE XIII

A peine débarqué à San-Domingo, Ojeda s'enquit du bachelier Enciso. Le bachelier était parti depuis longtemps, et l'on n'avait plus entendu parler de lui. Ojeda attendit quelque temps, espérant apprendre de ses nouvelles; mais il finit par croire que le bachelier avait péri dans quelque tempête.

Il chercha alors à enrôler de nouveaux aventuriers et à se procurer des provisions. Mais cette fois rien ne lui réussit : il avait eu le tort de n'être pas heureux, et l'on ne croyait plus en son étoile.

Pendant qu'il se rongeait le cœur à San-Domingo, l'amiral don Diego Colomb envoya des soldats à la Jamaïque pour arrêter Talavera et sa bande. On les mit en jugement, et le chef fut pendu avec ses principaux complices. Ojeda, cité comme témoin pendant le procès, avait contribué par sa déposition à la condamnation des coupables; les survivants de la bande résolurent de venger leurs camarades. Un soir qu'il rentrait assez tard, il tomba dans un guet-apens; s'adossant à un mur, il tira son épée et, seul, tint tête à toute la bande. Non content d'avoir mis les assassins en fuite, il les poursuivit assez longtemps à travers les rues, et rentra ensuite tranquillement au logis sans avoir reçu une égratignure.

Au bout d'un certain temps, malade de corps et malade d'esprit, il s'éteignit, encore jeune, dans l'obscurité et l'abandon.

Gomara, dans son *Histoire des Indes*, assure qu'il se fit

moine et mourut dans un couvent. Un si grand changement n'aurait eu rien de surprenant de la part d'un homme qui, même dans ses plus grands écarts, avait toujours conservé un fond de piété exaltée; surtout il serait conforme à l'esprit d'une époque où maint aventurier, après avoir passé sa jeunesse dans le tumulte et la licence des camps, terminait ses jours dans le silence et au milieu des mortifications du cloître.

Cependant Las Casas, qui se trouvait alors à San-Domingo, ne parle pas de cette prise d'habit; et il semble qu'il n'aurait pas manqué d'en dire un mot, si elle avait eu lieu. Du moins il constate que le caractère de Ojeda avait complètement changé avec sa fortune. Il mourut si pauvre, qu'il ne laissa pas de quoi se faire enterrer, et si humble d'esprit, qu'il demanda à être enterré devant le portail du couvent de San-Francisco, *afin que sa tombe pût être foulée aux pieds par tous ceux qui entreraient.*

Telle fut la fin de Alonso de Ojeda; elle est de nature à nous rendre indulgents pour ses fautes et ses erreurs. Il s'était distingué par sa bravoure et la grandeur de ses aspirations, parmi cette « chevalerie de l'Océan » qui se précipita sur les traces de Colomb.

Jamais il n'eut son pareil pour exécuter un coup de main, pour accomplir de grandes choses, et supporter toutes les souffrances et tous les dangers sous la direction d'un autre; il avait le cœur bien placé, et son ambition n'était point vulgaire; il faisait peu de cas de la fortune; son âme était ferme et son esprit plein de ressources, mais il n'avait point les qualités d'un commandant en chef.

LE VOYAGE DE DIEGO DE NIGUESA

CHAPITRE PREMIER

Nous avons à raconter maintenant les aventures du noble et
généreux Nicuesa, après qu'il eut quitté Alonso de Ojeda á
Carthagéne. Il échangea son navire contre une caravelle, afin
de pouvoir s'approcher plus facilement des côtes ; les deux
brigantins, dont l'un était commandé par son lieutenant Lope
de Olano, devaient marcher de conserve avec lui ; seulement
les vaisseaux de haut bord se tiendraient à distance de la terre.
Quand il arriva en vue de la côte de Veragua, la mer était mauvaise ; ne trouvant point de port où se mettre à l'abri, il regagna la haute mer à l'approche de la nuit, persuadé que Lope
de Olano le suivait avec les deux brigantins. Après une nuit d'o-
rage qui avait beaucoup fatigué sa caravelle, Nicuesa constata
que les autres navires avaient disparu.

Craignant qu'il ne leur fût arrivé malheur et qu'ils n'eussent
été jetés à la côte, il se rapprocha de la terre, découvrit l'embouchure d'une grande rivière, y pénétra et y jeta l'ancre. Il
venait à peine de mouiller, lorsque la rivière, momentanément
gonflée par les pluies, baissa brusquement. Avant qu'il pût
se dégager, la caravelle toucha et se coucha sur le flanc.
Comme le courant avait toute la violence d'un torrent, les
coutures de la caravelle s'entr'ouvrirent, et on put croire qu'elle
allait être mise en pièces. Un homme se dévoua pour sauver
l'équipage et sauta dans la rivière, tenant une corde pour établir un va-et-vient entre le navire et la rive ; mais il fut entraîné

par la violence du courant et se noya sous les yeux de ses compagnons. Un autre fut plus heureux et atteignit la rive. Nicuesa et l'équipage parvinrent à se sauver en s'aidant de la corde, attachée solidement à un arbre.

A peine avaient-ils touché terre que la caravelle fut mise en pièces ; avec elle disparurent leurs provisions de toute espèce, leurs armes et leurs vêtements. Il ne leur resta que la chaloupe de la caravelle, providentiellement jetée à la côte par le courant. Les uns craignaient que les brigantins n'eussent fait naufrage ; d'autres, se souvenant que Lope de Olano avait fait partie de la bande de Roldan, étaient portés à croire qu'il avait trahi son chef et qu'il avait déserté avec les deux brigantins. Nicuesa partageait leurs appréhensions ; cependant il n'en fit rien paraître et proposa gaiement à ses compagnons de s'en aller à pied vers l'ouest à la recherche de Veragua, siège de son futur gouvernement : si les vaisseaux avaient échappé à la tempête, c'était là, sans aucun doute, qu'on les retrouverait. Ils se mirent donc à longer la côte, car les forêts étaient si épaisses qu'il ne fallait pas songer à s'aventurer dans l'intérieur du pays. Quatre matelots vigoureux s'embarquèrent dans la chaloupe avec ordre de se tenir toujours en vue de leurs compagnons, pour les aider à franchir les baies et les embouchures des rivières.

Les pauvres gens eurent beaucoup à souffrir : la plupart n'avaient plus de souliers et plusieurs étaient presque nus. Il leur fallut néanmoins marcher sur des rochers raboteux et tranchants, se frayer une route à travers des forêts pleines d'épines et de halliers, traverser des marais, des marécages et des terrains inondés, et franchir des cours d'eau profonds et rapides.

Pour toute nourriture ils trouvaient des herbes, des racines, des coquillages ; s'ils avaient aperçu des Indiens, ils n'auraient même pas osé leur demander des provisions, car ils n'avaient pas d'armes, et les Indiens auraient pu facilement venger sur eux les outrages dont les avaient abreuvés les précédents voya-

COTE DE VERAGUA.

geurs. Ce qui rendait leurs souffrances presque intolérables, c'est qu'ils n'étaient pas sûrs de n'avoir pas été emportés par la tempête au delà de Veragua. Dans ce cas, chaque pas qu'ils faisaient les aurait éloignés du but.

Nicuesa leur donnait l'exemple du courage et même de la gaieté, supportant tout avec autant de résignation que le plus humble matelot. Un matin, en s'éveillant, les naufragés eurent une chaude alerte : des Indiens les guettaient de loin. L'un d'eux tua d'un coup de flèche un jeune page favori de Nicuesa; mais, satisfait sans doute d'avoir donné cette preuve de son adresse, il se retira suivi de ses compagnons, et les Espagnols purent continuer leur triste voyage.

Un jour ils arrivèrent à la pointe d'une baie qui s'enfonçait profondément dans les terres; les hommes de la chaloupe les passèrent par petits groupes sur ce qui paraissait être l'autre extrémité de la baie. Mais quand ils se remirent en marche, ils ne tardèrent pas à découvrir qu'ils étaient dans une île. Comme les rameurs étaient trop fatigués pour les ramener ce soir-là sur la terre ferme, ils durent passer la nuit dans l'île. Le lendemain, quand ils se réveillèrent, ils ne virent plus ni la chaloupe, ni les hommes qui la montaient : ou bien ils avaient péri, ou bien ils avaient déserté.

CHAPITRE II

La situation était terrible; car l'île n'offrait aucune ressource, et il était vraisemblable que jamais un vaisseau ne paraîtrait dans cette région inhospitalière à moins d'y être jeté par la tempête. Un grand nombre d'hommes s'abandonnèrent au désespoir, et ne reprirent un peu leurs sens que quand la faim et la soif les forcèrent à se mettre en quête. Ils trouvèrent bien quelques mauvaises herbes et quelques racines, mais pas une seule goutte d'eau potable.

Nicuesa, comme toujours, s'efforçait de leur donner de l'espoir; pour les occuper et les distraire, il leur fit construire un radeau. Le radeau une fois construit, on n'avait point de rames pour le mettre en mouvement; quelques bons nageurs essayèrent de le pousser, mais ils étaient trop affaiblis par les souffrances et les privations : tout ce qu'ils purent faire, ce fut de regagner péniblement le bord, pendant que les courants entraînaient le radeau vers la haute mer.

Après deux ou trois tentatives infructueuses, les hommes refusèrent de travailler plus longtemps et attendirent la mort dans un sombre désespoir. L'instinct de la conservation cependant les poussa à chercher des herbes et des racines, et ils passèrent ainsi plusieurs semaines; les plus faibles moururent, les plus forts en étaient réduits à se traîner sur leurs mains et sur leurs genoux pour chercher des herbes et des coquillages.

CHAPITRE III

Un jour enfin, une voile apparut à l'horizon : les survivants osaient à peine se réjouir, pensant que le navire ne s'aventurerait pas du côté de leur îlot ; ils adressèrent alors à Dieu de ferventes prières, lui demandant de les sauver. A leur grande joie, ils virent le navire s'approcher d'eux. C'était celui des brigantins qui avait été sous le commandement de Lope de Olano. Il jeta l'ancre, une chaloupe fut mise à la mer ; dans cette chaloupe se trouvaient les quatre matelots qui avaient si mystérieusement disparu.

Ils donnèrent de leur étrange disparition une explication qui parut à peu près satisfaisante. Persuadés que Nicuesa faisait fausse route en marchant à l'ouest et n'osant pas affronter un refus, ils avaient profité du sommeil de leurs compagnons pour s'éloigner secrètement et se diriger vers l'est. Au bout de quelques jours ils avaient trouvé les brigantins commandés par Lope de Olano à l'ancre dans la rivière de Belen, théâtre des désastres de Colomb pendant son quatrième voyage. Ainsi l'évènement leur avait donné raison.

La conduite de Lope de Olano parut suspecte à ses contemporains et laisse encore aujourd'hui des doutes à l'historien. On le soupçonne d'avoir abandonné Nicuesa de dessein prémédité, afin de prendre le commandement de l'expédition. Il est vrai de dire qu'on le jugeait sur ses antécédents ; car il avait pris part autrefois à la rébellion de Francisco Roldan. La nuit même où Nicuesa, craignant les effets de la tempête, avait gagné le large, Olano s'était mis à l'abri derrière une île. Le lendemain matin, ne voyant point la caravelle de Nicuesa, il ne fit aucun effort pour le retrouver, et s'en alla avec les brigantins tout droit à la rivière de Chagres, où il trouva les gros navires à l'ancre. Ils avaient débarqué leurs cargaisons, étant menacés de couler bas à cause des ravages des vers. Olano persuada aux équipages que Nicuesa était perdu et prit le commandement à sa place. Qu'il fût ou non de bonne foi, son commandement ne lui profita guère. De Chagres il s'était rendu à la rivière de Belen, où il fallut dépecer les vaisseaux, qui ne pouvaient plus tenir la mer. Les hommes construisirent de misérables huttes; mais pendant une tempête ils furent sur le point d'être engloutis par la rivière subitement gonflée et par les sables mouvants. Plusieurs hommes se noyèrent dans une expédition entreprise pour chercher de l'or, et Olano lui-même n'échappa à la mort que parce qu'il était excellent nageur. Les provisions épuisées, les hommes souffrirent de la faim et des maladies, et plusieurs périrent de misère. Les autres demandèrent à grands cris à retourner à Hispaniola. Olano fit construire une caravelle avec les débris des anciens navires; mais on le soupçonnait de vouloir quand même poursuivre son entreprise. Tel était l'état des choses lorsque les quatre marins rencontrèrent Olano et ce qui restait de l'équipage.

Du moment que Nicuesa était vivant, Olano n'avait plus qu'à lui remettre ses pouvoirs. Il montra un grand zèle pour venir à son secours et dépêcha immédiatement le brigantin, qui fut piloté par les quatre matelots fugitifs.

CHAPITRE IV

Le brigantin apportait une cargaison de cocos et autres provisions du même genre que l'on avait pu se procurer le long de
la côte. Les Espagnols affamés se jetèrent avec une telle voracité sur ces maigres provisions, que Nicuesa dut intervenir pour
les contraindre à se modérer, par prudence.

Dès qu'ils se furent un peu refaits, ils s'embarquèrent pour la
rivière de Belen, aussi heureux que si leurs misères avaient
touché à leur fin. En réalité ils allaient simplement changer
de souffrances et voir d'autres horreurs.

Olano cependant se préparait, non sans une grande appréhension, à affronter la présence du commandant, qui avait tant
de reproches à lui adresser. Dès son arrivée Nicuesa le fit
arrêter et ordonna de le punir comme traître. Les officiers, à
qui Olano avait fait la leçon d'avance, essayèrent d'intervenir en
sa faveur. Nicuesa leur répondit avec indignation : « C'est bien
à vous d'intercéder pour lui, vous qui avez aussi grand besoin
de pardon que lui. Vous avez trempé dans son crime, autrement auriez-vous mis si longtemps à envoyer des navires à ma
recherche ! »

Les capitaines insistèrent : ils avaient cru de bonne foi qu'il
était perdu ; ils renouvelèrent leurs supplications en faveur
de Olano, firent le tableau le plus pathétique de leurs souffrances et insinuèrent qu'il ne serait pas politique d'ajouter à
l'horreur des maux présents par un excès de sévérité.

Nicuesa se laissa désarmer; il épargna pour le moment la vie de Olano, bien décidé à l'envoyer comme prisonnier en Espagne à la première occasion. Les capitaines, d'ailleurs, avaient eu raison de représenter la situation sous les couleurs les plus sombres : des sept cents hommes qui composaient l'expédition au début, il en restait trois cents à peine, dont un grand nombre étaient trop malades et trop épuisés pour que l'on pût compter les voir survivre longtemps.

CHAPITRE V

Le premier soin de Nicuesa, en reprenant le commandement,
fut de guérir ses malades et de se procurer des vivres en en-
voyant des partis de fourrageurs dans les villages indiens. C'é-
tait une tâche très périlleuse; car les Indiens de cette partie de
la côte étaient farouches et belliqueux, comme ils ne l'avaient
que trop bien prouvé en mettant Colomb et son frère à deux
doigts de leur perte.

Beaucoup d'Espagnols périrent dans ces expéditions; les
autres, fatigués de transporter les vivres après les avoir conquis
au péril de leur vie, commencèrent à murmurer, accusant Nicuesa de les harasser et de les exposer à la mort uniquement
pour se venger d'avoir été abandonné par eux. Il est inutile de
dire que cette accusation était une pure calomnie. Si Nicuesa
exigeait beaucoup des hommes valides, c'est que la situation
l'exigeait impérieusement, comme on peut le voir par un fait
que cite l'historien Herrera : trente Espagnols, ayant trouvé dans
les champs le cadavre d'un Indien en état de décomposition, le
dépecèrent pour assouvir leur faim. Ils furent empoisonnés par
cette abominable nourriture, et pas un seul ne survécut.

Nicuesa, désespéré, résolut de quitter un endroit qui semblait
destiné à devenir le tombeau des Espagnols. Il embarqua la
majeure partie des hommes qui lui restaient sur les deux brigantins et sur la caravelle construite par Olano, et se mit en
quête d'un autre établissement. Quelques hommes restèrent

pour attendre que le maïs fût mûr ; ils avaient à leur tête Alonso Nuñez, que Nicuesa avait nommé son alcade mayor.

Un matelot génois qui avait accompagné Colomb dans son dernier voyage informa Nicuesa qu'à quelques lieues à l'est il trouverait un port très sûr que Colomb avait désigné sous le nom de Puerto Bello. Arrivé à Puerto Bello, Nicuesa envoya des hommes armés pour chercher des vivres. Ces hommes furent repoussés par les Indiens, et quelques-uns d'entre eux furent tués ou blessés. Il fallut chercher fortune ailleurs.

Sept lieues plus loin on trouva le port que Colomb avait baptisé Puerto de Bastimientos ou port des Provisions. Comme il y avait là un endroit élevé où l'on pouvait bâtir un fort et que le pays paraissait fertile, Nicuesa s'écria : « Arrêtons-nous ici, *en el nombre de Dios* (au nom de Dieu).» Les matelots superstitieux firent de cette exclamation le nom même du port, qui s'appelle encore aujourd'hui Nombre de Dios. A Nombre de Dios comme à la rivière de Belen, les Espagnols aigris murmurent contre toutes les tâches qu'on leur imposait. Le moment venu, Nicuesa envoya la caravelle pour ramener de la rivière de Belen ceux qu'il y avait laissés. La plupart étaient morts de faim. L'expédition, après le retour des survivants, se trouva réduite à cent hommes affaiblis par la faim et la maladie et démoralisés par la souffrance.

La caravelle qu'il avait expédiée à Hispaniola pour en rapporter des vivres ne reparut pas. Nicuesa ordonna alors à Gonzalo de Badajos de prendre vingt hommes, de courir le pays et de rapporter des vivres à tout prix. Mais les Indiens avaient cessé de cultiver la terre, les villages étaient déserts, et les ennemis harcelèrent la petite troupe sans accepter jamais une bataille rangée. Les Espagnols furent bientôt réduits à un état si lamentable, qu'il ne se trouva plus un seul homme valide pour monter la garde.

CHAPITRE VI

Pendant tout ce temps qu'était devenu le bachelier Martin
Fernandez de Enciso?

Selon la promesse qu'il avait faite à Ojeda, il avait frété un
navire pour amener des renforts et des provisions à Saint-
Sébastien.

Quand il fut sur le point de partir, beaucoup de gens sans
aveu et de débiteurs insolvables formèrent le projet de le
suivre. Les autorités averties firent faire bonne garde. Un
d'entre eux cependant réussit à s'embarquer; c'était Vasco
Nuñez de Balboa, natif de Xeres de los Caballeros, descendant
d'une famille noble qui était tombée dans la pauvreté. Il avait
été élevé au service de don Pedro de Puerto-Carrero, seigneur
de Moguer, et avait fait partie de la bande d'aventuriers qui
avait suivi Rodrigo de Bastide dans son voyage de découvertes. Après avoir mené longtemps une vie d'aventures, il
s'était fixé pour quelque temps à Hispaniola et avait entrepris
de cultiver une ferme aux environs de la ville de Salvatierra. Il
s'était ruiné et ne savait plus où donner de la tête, lorsqu'il
entendit parler de l'expédition du bachelier Enciso. Pour
échapper à la vigilance de ses créanciers, il s'était caché dans un
tonneau que l'on avait apporté de sa ferme et qui était censé
contenir des provisions. Dès que le navire fut en pleine mer,
Vasco Nuñez sortit de son tonneau, à la grande surprise du
bachelier, qui n'avait pas été prévenu. Le bachelier lui fit

très mauvais accueil et le menaça de le débarquer sur la première île déserte ; mais Nuñez finit par l'apaiser, et Enciso ne tarda pas à se féliciter d'avoir fait une si excellente recrue.

Arrivé en vue de Carthagène, Enciso, qui ne savait rien des horribles tragédies dont cette côte avait été le théâtre, jeta l'ancre tranquillement et fit débarquer une partie de ses hommes. Pendant que les matelots réparaient une chaloupe, les Indiens s'assemblèrent en grand nombre et prirent une attitude menaçante ; cependant ils n'osèrent pas attaquer les blancs si près de leur navire. Deux matelots qui s'étaient risqués jusqu'à une source pour y remplir un tonneau, furent subitement entourés par onze Indiens qui brandissaient leurs armes d'un air menaçant. Par bonheur un de ces hommes connaissait la langue du pays, et put leur expliquer que les Espagnols n'avaient nulle intention de les molester. Les Indiens, qui avaient cru à une nouvelle invasion de Ojeda et de Nicuesa et qui s'étaient préparés à défendre vaillamment leurs cabanes, déposèrent les armes et se mêlèrent aux étrangers avec la plus entière confiance. Tout le temps que les Espagnols passèrent à Carthagène, les indigènes les approvisionnèrent généreusement de pain de maïs, de poissons salés et de liqueurs fermentées.

On ne peut s'empêcher d'admirer une conduite si noble et si généreuse, quand on pense que ces Indiens passaient pour les plus belliqueux et les plus féroces du pays, et que tout récemment leur pays avait été envahi, leurs villages brûlés, leurs femmes et leurs enfants massacrés par les compatriotes de ces mêmes étrangers.

CHAPITRE VII

Quelque temps après l'arrivée d'Enciso à Carthagène, un brigantin vint jeter l'ancre dans le port. Ce brigantin était monté par une partie des hommes que Ojeda avait emmenés avec lui. Enciso, persuadé que ces gens s'étaient révoltés contre Ojeda, se disposait à les faire arrêter en vertu de ses pouvoirs d'alcade mayor; mais le commandant, François Pizarre, exhiba une commission signée du gouverneur qui le nommait son lieutenant. Le brigantin contenait les misérables restes de la colonie de Ojeda.

Lorsque Ojeda fut parti sur le vaisseau génois volé par Talavera, les hommes que commandait Pizarre, après avoir attendu cinquante jours, comme il avait été stipulé, se préparèrent à s'embarquer. Mais ils étaient soixante-dix, et les deux brigantins ne pouvaient contenir tant de monde : ils attendirent donc que leur nombre fût réduit au chiffre voulu par la faim, la maladie et les flèches empoisonnées des Indiens. Alors seulement ils s'étaient embarqués pour Hispaniola. L'un des deux brigantins avait péri corps et biens dans une tempête. L'autre s'était dirigé sur Carthagène pour s'y ravitailler.

Le récit de tant de misères et de désastres n'abattit point Enciso, qui résolut de poursuivre son entreprise jusqu'au bout.

CHAPITRE VIII

Ayant entendu parler par les Indiens d'un pays situé à vingt-cinq lieues à l'ouest et où l'on trouvait de l'or en abondance, Enciso, comme presque tous les voyageurs de l'époque, fut saisi de la fièvre de l'or et résolut de faire une expédition au pays de Zenu. Dans ce pays, disait-on, les torrents pendant la saison pluvieuse charriaient de telles quantités d'or, que l'on recueillait les pépites dans des filets tendus à cet effet. De plus, c'était dans cette région que les Indiens enterraient leurs morts en les couvrant de bijoux et d'ornements précieux.

L'idée de piller les tombeaux ne révoltait nullement le bachelier, non plus que ses compagnons, parce que les morts qui y avaient été ensevelis n'étaient que des païens, et que leur dernière demeure n'avait point été rendue sacrée par les prières et les cérémonies de l'Église.

Dès qu'il mit le pied sur la terre de Zenu, Enciso procéda par ordre et commença par prendre légalement possession du pays au nom de l'Espagne et de l'Église; à cet effet, il fit lire aux Indiens étonnés la même formule qu'avait employée Ojeda en pareille circonstance. Deux caciques, qui se trouvaient là, écoutèrent sans interrompre, selon les règles de la politesse indienne. Ensuite ils déclarèrent qu'ils admettaient volontiers l'existence d'un Dieu unique, créateur du ciel et de la terre; mais ils demandèrent de quel droit le pape faisait don de leur pays au roi d'Espagne, puisque ce pays ne lui appartenait pas. Si donc le roi d'Espagne venait pour leur prendre ce qui était légitimement à eux, ils lui couperaient la tête et la planteraient sur un pieu, conformément aux usages du pays.

Leur ayant fait connaître la loi, Enciso l'appliqua aussitôt dans toute sa rigueur. Il attaqua les Indiens, qui refusaient de croire et de se soumettre, et les mit en déroute. Un des caciques fut pris ; deux Espagnols, frappés par des flèches empoisonnées, expirèrent dans d'horribles souffrances.

Tout victorieux qu'il était, Enciso n'osa pas pénétrer plus avant dans le pays ; il revint donc à ses navires et se prépara à continuer son voyage pour gagner le siège du gouvernement établi par Ojeda dans le golfe d'Uraba.

CHAPITRE IX

Il dut user de toute son autorité d'alcade mayor pour contraindre les compagnons de Pizarre à retourner avec lui à Saint-Sébastien. Son arrivée fut signalée par un accident que l'on considéra comme un funeste présage : son vaisseau toucha contre un rocher à l'entrée de la baie, et les courants rapides ne tardèrent pas à le mettre en pièces. L'équipage put gagner le brigantin de Pizarre, mais toute la cargaison fut perdue sans ressource, sauf un peu de farine et de biscuit, et quelques armes. La forteresse et les maisons avaient été détruites par les Indiens. Une expédition envoyée pour chercher des vivres échoua complètement; plusieurs hommes furent blessés : toutes les anciennes terreurs reparurent, et les compagnons du bachelier le sommèrent de les emmener loin de ce pays de malheur.

Enciso ne demandait pas mieux que de quitter Saint-Sébastien, mais il ne savait où aller; alors Vasco Nuñez, qui avait exploré cette côte quelques années auparavant avec Rodrigo de Bastides, lui parla d'un village indien situé dans la partie ouest du golfe d'Uraba, sur les bords d'une rivière que les gens du pays appelaient Darien. Le pays était fertile, on y trouvait de l'or, et les Indiens ne faisaient point usage d'armes empoisonnées. Il offrit au bachelier de le conduire à ce village ; on pouvait s'y ravitailler et au besoin s'y établir. Son offre fut acceptée avec empressement.

A l'approche des Espagnols, Zemaco, le cacique du village, mit les femmes et les enfants en lieu de sûreté et se prépara à recevoir bravement les envahisseurs. Le bachelier, avant de livrer bataille, invoqua Notre-Dame d'Antigua et lui promit de lui dédier la première église et la première ville qu'il bâtirait ; de plus il ferait un pèlerinage à sa châsse, à Séville, et y déposerait les dépouilles des païens. Malgré leur bravoure, les Indiens furent battus, et par droit de conquête Enciso s'empara de tout ce qu'ils possédaient. Ce succès releva le courage des Espagnols, abattus par tant de désastres, et il fut décidé que l'on établirait le siège du gouvernement dans le village même, auquel Enciso donna le nom de Santa-Maria de la Antigua del Darien.

CHAPITRE X

Le bachelier entra alors dans l'exercice de ses fonctions civiles comme alcade mayor et comme lieutenant du gouverneur
absent, Ojeda. Son premier acte d'autorité fut de défendre, sous
peine de mort, aux particuliers de faire le trafic de l'or avec
les indigènes ; cette défense était conforme aux instructions
des souverains, mais elle parut odieuse et tyrannique à des
aventuriers qui n'étaient venus dans le Nouveau Monde que
pour s'y enrichir le plus promptement possible. Ils ne manquèrent pas de murmurer et de prétendre que Enciso voulait acca-
parer tout l'or à son profit. Vasco Nuñez résolut aussitôt de
tirer parti du mécontentement général. Il se mit à lui susciter
des chicanes et à discuter la légitimité de ses prétentions. Il
l'accusa d'avoir, en occupant le village de Darien, dépassé les
limites où il devait se tenir et empiété sur le gouvernement
de Nicuesa ; par conséquent, dans ce village, sa double qualité
d'alcade mayor et de lieutenant de Ojeda était nulle et de nul
effet : il n'était qu'un usurpateur.

Le reste de la bande donna raison à Nuñez, et le pauvre bachelier fut purement et simplement dépouillé de l'autorité qu'il
avait conquise au prix de tant de peines et de sacrifices.

CHAPITRE XI

Ne pouvant s'entendre sur le choix d'un autre gouverneur, les rebelles résolurent de nommer provisoirement de simples magistrats civils et choisirent comme alcades Vasco Nuñez et un certain Zamudio ; ils leur adjoignirent, en qualité de *regidor* ou officier municipal, un cavalier de quelque mérite nommé Valdivia. Mais cet arrangement ne satisfit personne, et l'on en revint à l'idée de remettre toute l'autorité dans les mêmes mains. Quelques-uns proposèrent Nicuesa, puisque l'on était sur son territoire, d'autres mirent en avant Vasco Nuñez. De ce dissentiment naquirent des querelles interminables, et les gens paisibles proposèrent de rendre à Enciso l'autorité dont on l'avait dépouillé, en attendant que le roi eût fait connaître sa volonté.

Au beau milieu de ce désordre apparurent deux navires commandés par un certain Rodrigo de Colmenares, qui avait été envoyé à la recherche de Nicuesa et qui lui apportait des provisions. Les nouveaux venus racontèrent qu'ils avaient eu à souffrir de la tempête et de l'hostilité des sauvages, qui leur avaient tué beaucoup de monde avec leurs flèches empoisonnées. Colmenares avait touché à Saint-Sébastien pour avoir des nouvelles de Nicuesa, mais il avait trouvé le fort en ruines et la côte déserte.

L'arrivée de Colmenares avait suspendu pour un temps les querelles ; en distribuant aux pauvres affamés les provisions qu'il avait à bord, il gagna le cœur de la plupart d'entre eux et les décida à reconnaître l'autorité de Nicuesa. Il fut donc convenu qu'il se mettrait à la recherche de Nicuesa, accompagné de Diego de Albitez et du bachelier Corral, pour le prier de venir prendre le gouvernement de Darien.

CHAPITRE XII

Après bien des recherches inutiles, Colmenares finit par
apercevoir un brigantin près d'une petite île ; ce brigantin, qui
appartenait à Nicuesa, guida Colmenares jusqu'au port de
Nombre de Dios. Il eut grand peine à reconnaître le brillant
Nicuesa, tant la misère et la souffrance l'avaient changé. De
toute sa petite armée il ne lui restait que soixante hommes
malades et mourant de faim. Colmenares et les siens furent
reçus avec des transports de joie, comme des envoyés de Dieu.
Nicuesa, apprenant que les gens de Darien le demandaient pour
gouverneur, accepta avec reconnaissance, et il se fit raconter
tout ce qui concernait la colonie. En apprenant que l'or abon-
dait à Darien et que de simples particuliers en avaient amassé
de grandes quantités, il eut l'imprudence de dire qu'ils avaient
empiété sur les privilèges de la couronne et qu'il saurait bien
les forcer à rendre gorge. Ces paroles, dans la bouche d'un
homme qui n'était encore gouverneur qu'en espérance, indis-
posèrent Diego de Albitez et le bachelier Corral. Leur défiance
s'accrut encore quand ils surent que Lope de Olano était retenu
prisonnier, et qu'ils l'eurent entendu lui-même exposer ses
griefs : « Que mon sort, leur dit-il, vous serve de leçon ! J'ai
envoyé du secours à Nicuesa quand il était sur une île déserte,
et s'il n'est pas mort de faim, c'est grâce à moi. Vous voyez quelle
est ma récompense. Je suis en prison, dans les fers : voilà la
reconnaissance sur laquelle les gens de Darien peuvent compter
de sa part. »

Les deux ambassadeurs prirent les devants et prévinrent les colons de Darien contre le gouverneur qu'ils avaient spontanément appelé. Ces gens furent au désespoir en apprenant qu'après avoir déposé Enciso à cause de sa sévérité, ils allaient tomber entre les mains d'un gouverneur encore plus sévère que lui. Vasco Nuñez de Balboa, les voyant consternés, résolut d'exploiter leur consternation à son profit et leur fit comprendre qu'étant les plus nombreux et les plus forts, il leur était bien facile d'avoir raison de Nicuesa. Ils l'avaient appelé le croyant meilleur qu'il n'était réellement : ils n'avaient qu'à lui signifier qu'il ne voulaient plus de lui.

CHAPITRE XIII

Au moment où Nicuesa allait débarquer en grande pompe, le procureur public l'interpella de loin et lui intima l'ordre de retourner immédiatement à Nombre de Dios. Frappé de stupeur, il demeura muet quelques instants ; puis il essaya de démontrer aux assistants qu'il n'était venu que sur leurs instances et demanda de pouvoir au moins s'expliquer : on ne lui répondit que par des huées et des menaces. Comme la nuit approchait, il retourna à son navire; mais il reparut le lendemain matin, espérant trouver les gens mieux disposés. Cette fois on lui fit bon accueil et on l'engagea à débarquer; mais il reconnut bien vite qu'on lui avait tendu un piège pour s'assurer de sa personne. Comme il était leste et très bon coureur, il s'enfuit, poursuivi par la foule, et finit par disparaître dans les bois.

Vasco Nuñez de Balboa, en voyant un gentilhomme comme Nicuesa réduit à une pareille extrémité, eut honte de ce qu'il avait fait et essaya de calmer les passions qu'il avait soulevées lui-même. Il obtint que l'on ne poursuivrait pas Nicuesa dans la forêt et il lui servit d'intermédiaire auprès de la multitude. Nicuesa renonçait au titre de gouverneur ; il demandait seulement à être admis comme simple particulier ; si c'étrit trop demander, il aimait mieux être prisonnier à Darien que de retourner à Nombre de Dios.

La foule se serait peutêtre laissé émouvoir par le plaidoyer de Vasco Nuñez en faveur de Nicuesa; mais un meneur, nommé Francisco Benitez, soutenu sous main par l'alcade Zamudio, l'interrompait à chaque instant par de grossières plaisanteries et des injures à l'adresse de Nicuesa. A la fin Vasco Nuñez perdit patience; en sa qualité d'alcade, il fit saisir Benitez et lui fit donner cent coups de fouet, séance tenante, sans que l'autre alcade, Zamudio, osât intervenir.

Comme la foule refusait toujours de se laisser convaincre, Vasco Nuñez fit dire à Nicuesa de se retirer sur son brigantin en attendant des circonstances plus favorables. Quelques misérables soudoyés par Zamudio vinrent à son bord, se donnant pour une députation qui avait mission de lui faire des excuses et de l'amener à terre. Incapable lui-même d'une perfidie, Nicuesa ne se figura pas un instant qu'on eût dessein de le tromper. Il vint donc à terre. A peine débarqué, il fut saisi violemment et contraint, par des menaces de mort, à jurer qu'il partirait immédiatement et se rendrait tout droit devant le roi et le conseil, sans toucher nulle part en route.

On poussa la barbarie jusqu'à l'embarquer sur le plus mauvais navire de toute la flottille, un vieux brigantin qui faisait eau de toutes parts. Soixante-dix personnes s'embarquèrent avec lui le premier mars 1511. Le brigantin fit voile pour Hispaniola, à travers la mer des Caraïbes, mais on n'en eut plus jamais de nouvelles.

VASCO NUÑEZ DE BALBOA

DÉCOUVRE L'OCÉAN PACIFIQUE

CHAPITRE PRÉMIER

A peine le brigantin du malheureux Nicuesa avait-il quitté les rivages de Darien, que la colonie fut de nouveau en proie aux factions; le bachelier Enciso avait pour lui le droit et la justice, mais Vasco Nuñez de Balboa avait su se rendre populaire. Agé de trente-cinq ans à cette époque, c'était un beau cavalier dont les manières étaient très séduisantes; sa dignité d'acalde le forçait à s'observer, et, sans cesser d'être aimable et séduisant, il n'avait plus ce laisser-aller et ces habitudes dissolues du soldat de fortune; de plus, la supériorité de son talent et de son caractère le mettait bien au-dessus de son collègue officiel, Zamudio. Quoiqu'il eût pour lui la faveur populaire, il crut devoir procéder contre Enciso selon les formes légales. Il le mit donc en jugement pour avoir usurpé les pouvoirs d'alcade mayor; car Alonso de Ojeda, qui les lui avait conférés, n'avait aucun droit sur la province de Darien.

Enciso se défendit habilement; mais sa cause était mauvaise, et d'ailleurs il avait affaire à des juges prévenus : il fut déclaré coupable, ses biens furent confisqués, et on le jeta en prison. Ses partisans, à force d'instances, obtinrent pour lui la permission de retourner en Espagne. Vasco Nuñez pensa avec raison que le bachelier ne manquerait pas d'en appeler, pardevant la cour de Castille, de la décision de ses premiers juges; aussi sur le même navire qui emportait Enciso il fit s'embarquer Zamudio, avec mission de répondre à toutes les attaques d'Enciso et de faire valoir les services que Nuñez avait rendus à la colonie. Par surcroît de précaution Nuñez chargea son ami intime le régidor Valdivia d'offrir de sa part à Miguel de Pasamonte, trésorier royal d'Hispaniola, une grosse somme d'argent pour le bien disposer en sa faveur.

Nuñez, qui connaissait l'avarice du roi Ferdinand, pensa que le meilleur moyen de se faire pardonner son usurpation, c'était de se procurer beaucoup d'or. Il envoya donc François Pizarre avec six hommes pour explorer la province de Coyba, située à trente lieues du siège de son gouvernement et dont on vantait la richesse.

Le cacique de Darien, Zemaco, qui nourrissait une haine profonde contre les envahisseurs, attaqua la petite bande de Pizarre; les Espagnols, après des prodiges de valeur, furent forcés de battre en retraite, laissant un de leurs compagnons entre les mains de l'ennemi; Nuñez les força de retourner à l'ennemi pour délivrer leur compagnon, et ils y réussirent.

Comme on n'avait plus entendu parler de Nicuesa depuis son départ, Nuñez envoya deux brigantins à Nombre de Dios pour ramener ceux des compagnons de Nicuesa qui s'y trouvaient encore. En longeant la côte, les brigantins recueillirent deux Espagnols qui avaient déserté depuis un an et demi pour éviter une punition et qui avaient été accueillis avec la plus grande bonté par Careta, cacique de Coyba. Pour le récompenser de son hospitalité, ces deux misérables s'offrirent à le trahir; l'un d'eux se rendit à Darien sur l'un des brigantins, l'autre retourna auprès de Careta pour préparer la trahison.

A la tête de cent trente hommes Nuñez alla demander l'hospitalité à Careta, qui lui fit la réception la plus cordiale. Nuñez fit semblant de retourner à Darien ; mais il revint sur ses pas au milieu de la nuit, surprit le village endormi, emmena prisonnier Careta et la plupart des siens et s'en retourna chargé de butin et de provisions.

Careta cependant, qui ne manquait pas d'éloquence, réussit à toucher Nuñez en lui offrant, en échange de sa liberté et de celle des siens, d'être son allié fidèle et de lui fournir des provisions en abondance. Comme gage de sa sincérité, il offrit à Nuñez sa fille en mariage. Nuñez accepta et mit Careta en liberté. Il épousa la jeune fille à la manière indienne et sans faire sanctionner cette union par un prêtre. La jeune femme prit peu à peu sur lui une grande influence.

CHAPITRE III

En sa qualité d'allié de Careta, Nuñez, à la tête de quatre-vingts hommes, attaqua le territoire du cacique Ponca, ennemi de Careta, et le contraignit à se réfugier dans les montagnes. Au retour de cette expédition, qui fut très fructueuse, il fit une visite à Comagre, cacique de la province de Comagre, qui pouvait lever une armée de trois mille hommes. Un des fils de ce cacique, voyant avec quelle avidité les Espagnols se jetaient sur l'or, leur indiqua vers le sud des montagnes élevées derrière lesquelles s'étendait une vaste mer. Sur cette mer naviguaient des gens dont les vaisseaux étaient semblables à ceux des Espagnols. Tous les cours d'eau qui se jetaient dans cette mer roulaient de l'or en abondance : les rois de ce pays buvaient et mangeaient dans des vases d'or ; l'or était aussi commun dans ce pays que le fer parmi les Espagnols.

Nuñez demanda aussitôt les moyens de gagner ce pays merveilleux et cette vaste mer. Le fils du cacique ne lui dissimula pas les difficultés de l'expédition. Sans compter les hautes montagnes qu'il aurait à franchir, il devait s'attendre à combattre chemin faisant plusieurs caciques puissants qui s'opposeraient à son passage. Il lui fallait au moins mille hommes armés pour tenter l'entreprise.

Les révélations du jeune Indien touchant l'existence de cette grande mer, qui s'appela depuis l'océan Pacifique, exercèrent une profonde influence sur les desseins et le caractère de Nuñez.

Sans renoncer à la conquête de l'or, il ressentit une ambition plus noble et plus élevée, celle d'immortaliser son nom en plantant le premier la bannière de Castille sur les rivages de cette mer inconnue.

Il retourna en toute hâte à Darien pour commencer les préparatifs de sa grande expédition. Quelques jours après son retour, le regidor Valdivia arriva d'Hispaniola avec quelques provisions. Nuñez l'expédia de nouveau à Hispaniola avec une lettre pour le gouverneur don Diego Colomb. Il lui faisait part des renseignements qu'il avait recueillis, lui envoyait quinze mille couronnes d'or pour le trésor royal et lui demandait avec instance les mille hommes qui lui étaient nécessaires pour conquérir de nouveaux royaumes.

CHAPITRE IV

En attendant le résultat de cette mission, Vasco Nuñez s'occupa de chercher de l'or. On lui parla d'un pays, nommé Dobayba, situé à une quarantaine de lieues de son établissement, où il y avait un sanctuaire renommé, rempli d'immenses richesses par la piété des Indiens; car les mines d'or abondaient dans tout le pays.

Aussitôt Vasco Nuñez se mit en campagne et emmena cent soixante-dix hommes, montés sur deux brigantins et sur de nombreux canots. Son ancien ennemi Zemaco, cacique de Darien, prévint le cacique de Dobayba et lui conseilla de se retirer à l'approche des Espagnols. Les Espagnols ne trouvèrent personne pour leur résister, mais aussi personne pour les guider dans un pays inconnu. Ils prirent dans un village abandonné des armes et des objets en or et regagnèrent le golfe d'Uraba sans pousser plus loin leur expédition; les brigantins et les canots furent assaillis par une violente tempête, et les Espagnols ne se tirèrent de danger qu'en jetant à la mer une partie de leur cargaison; deux canots qui contenaient le butin de la campagne coulèrent bas.

Nuñez cependant ne revint pas tout de suite à Darien; il explora le pays en remontant les cours d'eau et arriva sur le territoire d'un cacique nommé Abibeyba; cette contrée était couverte de marais et de petits lacs, et les habitants se construisaient des espèces de nids dans les branches des grands arbres.

A l'approche des hommes blancs, les Indiens retirèrent à eux leurs échelles et se retranchèrent dans leurs nids. Les Espagnols ayant menacé de couper les arbres ou d'y mettre le feu, le cacique descendit avec sa femme et deux de ses enfants. Nuñez lui ayant demandé de l'or, il répondit qu'il n'en avait pas, mais que si on voulait lui permettre d'aller dans les montagnes que l'on voyait à quelque distance, il en rapporterait autant qu'on en voudrait. Les Espagnols le laissèrent aller, retenant comme otages sa femme et ses enfants; mais il ne reparut pas. Nuñez retourna à Darien, laissant Bartolomeo Hurtado avec trente hommes dans un village indien situé sur la rivière Noire pour assurer la soumission du pays. Quoique Nuñez n'eût pas découvert le fameux sanctuaire de Dobayba, les aventuriers de Darien continuèrent longtemps à y songer et à en parler avec convoitise.

CHAPITRE V

Hurtado, maître absolu dans son village, s'avisa de donner
la chasse aux Indiens à travers les bois. Quand il en eut pris une
trentaine, il les embarqua dans un grand canot sur la rivière
Noire et les expédia à Darien pour être vendus comme esclaves. Vingt de ses hommes, malades ou blessés, descendirent
la rivière avec les Indiens. L'infatigable Zemaco, qui surveillait
de très près Hurtado, se mit embuscade et attaqua le canot.
Tous les Espagnols furent tués ou se noyèrent, sauf deux qui
purent rejoindre Hurtado. Se voyant dans une situation déses-
pérée, avec douze hommes seulement, Hurtado quitta son poste
et retourna à Darien. Il apprit en route que Zemaco et quatre
autres caciques avaient formé le projet de détruire l'établissement de Darien.

Au premier moment Vasco Nuñez refusa de croire à la conspiration des caciques, parce qu'il vivait en bonne intelligence
avec eux; mais il fut averti d'un autre côté et connut, par les
révélations d'un Indien, que les confédérés avaient armé
secrètement cent canots, levé cinq mille hommes d'élite et
amassé d'énormes provisions. Aussitôt il prit l'offensive, se
saisit des chefs du complot et s'empara des provisions; mais il
ne put mettre la main sur Zemaco. Les meneurs furent pendus,
et la terreur du nom espagnol se répandit sur toute la face du
pays. Pour surcroît de précautions, Nuñez fit élever un fort en
bois pour protéger la colonie.

CHAPITRE VI

Cependant on ne recevait point de nouvelles de Valdivia; les uns pensaient qu'il lui était arrivé malheur, les autres que, de concert avec Zamudio, il avait fait main basse sur les richesses qu'il était chargé de transporter à Hispaniola, et que l'on n'entendrait plus jamais parler de lui.

Vasco Nuñez, dans son impatience, résolut de partir pour l'Espagne, afin de raconter ce qu'il savait sur la mer du Sud, demander les troupes nécessaires pour aller à la découverte et s'assurer si le bachelier Enciso n'avait pas prévenu le roi contre lui; mais ses compagnons jetèrent les hauts cris, déclarant que sa présence était absolument nécessaire au bien et à la sécurité de sa colonie. Il dépêcha donc en son lieu et place Juan de Cayzedo et Rodrigo Enriquez de Colmenares.

A peine étaient-ils partis que les troubles recommencèrent. Bartolomeo Hurtado était un des favoris de Nuñez, qui lui avait donné une grande autorité dans la colonie. Comme il avait blessé par son arrogance un cavalier nommé Alonso Perez de la Rua, ce cavalier, soutenu par les mécontents, demanda que Hurtado reçût une punition exemplaire. Pour toute réponse Nuñez fit saisir Alonso Perez et le jeta en prison. Les mécontents prirent les armes, les partisans de Nuñez en firent autant; les deux partis étaient sur le point d'en venir aux mains lorsque quelques hommes prudents et modérés s'entremirent et amenèrent une sorte de compromis. Alonso Perez fut relâché. Le lendemain les mécontents arrêtèrent Hurtado, qui fut relâché à son tour. Le calme cependant n'était pas revenu dans les esprits. Les factieux s'en prirent à Nuñez et l'accusèrent de n'avoir pas fait un partage équitable de l'or et des esclaves; surtout ils demandaient le partage immédiat d'une somme de dix mille castellanos en or qui était encore indivise. Voyant qu'il lui était impossible de résister, Vasco Nuñez céda; mais il ne voulut pas se mêler du partage, comptant bien que cette opération amènerait des disputes et des querelles dont il espérait faire son profit. Le lendemain, sous prétexte d'aller à la chasse, il quitta l'établissement. A peine le partage de l'or commencé, les mécontentements et les querelles éclatèrent; Alonso Perez et le bachelier Corral, qui avaient saisi le commandement, furent arrêtés par leurs propres partisans et Nuñez fut rappelé d'une voix unanime.

Comme Nuñez venait de ressaisir le pouvoir, deux navires arrivèrent d'Hispaniola, chargés de provisions et amenant cent cinquante hommes de renfort. Une commission signée de Miguel de Pasamonte, trésorier royal, investissait Nuñez du titre de capitaine général de la colonie. On peut douter que le trésorier royal eût des pouvoirs assez étendus pour créer légalement un capitaine général, et d'un autre côté on se demande comment il osait le faire s'il n'en avait pas le droit. Il est probable qu'il se sentait secrètement autorisé, par la jalousie bien connue de Ferdinand, à empiéter sur les droits et privilèges de l'amiral don Diego Colomb, gouverneur d'Hispaniola.

Nuñez fut si heureux de se voir investi d'une autorité à peu près légale, qu'il oublia généreusement le passé et se réconcilia avec Alonso Perez et avec le bachelier Corral.

CHAPITRE VII

Au milieu même de son triomphe il reçut de fâcheuses nouvelles d'Espagne. Le bachelier Enciso l'avait desservi auprès du roi. Zamudio le prévenait qu'il allait être rappelé sous peu pour rendre compte de sa conduite envers le malheureux Nicuesa.

Abattu d'abord, Nuñez ne tarda pas à prendre une décision digne de son caractère. Comme il n'avait point encore reçu d'ordres, il était libre d'agir. Il résolut donc de se mettre en campagne avec le peu d'hommes qu'il avait sous la main et d'aller à la découverte de la mer du Sud. S'il réussissait dans cette gigantesque entreprise, le succès jetterait un voile d'oubli sur le passé.

Parmi les aventuriers qui l'entouraient, il choisit cent quatre-vingt-dix-hommes résolus et dévoués à sa personne, les arma d'épées, de boucliers, d'arbalètes et d'arquebuses, et s'adjoignit un certain nombre de limiers. Le nom d'un de ces animaux nous a été conservé par les historiens espagnols, à cause de ses exploits et de l'affection que lui portait Nuñez, qui en avait fait son garde du corps : il s'appelait Leoncico. Il avait inspiré aux Indiens une si grande terreur, que sa vue seule suffisait à les mettre en fuite.

Enfin Nuñez emmena avec lui un certain nombre d'Indiens de Darien qui s'étaient attachés à lui à cause de la bonté qu'il leur avait toujours montrée. C'étaient de précieux auxiliaires, à cause de la connaissance qu'ils avaient des routes et des ressources du pays.

CHAPITRE VIII

Le 1ᵉʳ septembre Vasco Nuñez s'embarqua avec sa petite
troupe sur un brigantin et neuf grands canots ou pirogues, au
milieu des acclamations de ceux qui restaient. En suivant la direction du nord-ouest, il arriva sans accident à Coyba, résidence du cacique Careta, son ami personnel, qui lui donna des
guides et des guerriers.

Nuñez laissa la moitié de son monde à Coyba pour garder le
brigantin et s'enfonça avec le reste dans la profondeur du pays.

Ce fut le 6 septembre qu'il se dirigea vers les montagnes.
La marche était fatigante et dangereuse : sous la chaleur des
tropiques, les Espagnols, chargés du poids de leurs armes et de
leurs armures, étaient obligés d'escalader des rochers à pic et
de se frayer un passage à travers les fourrés et les forêts. Les
Indiens portaient les provisions et les munitions.

Le 8 septembre ils arrivèrent au village de Ponca, l'ancien
ennemi de Careta. Le village était désert, tous les habitants s'é-
taient réfugiés dans les montagnes. Les Espagnols y passèrent
quelques jours pour donner le temps aux malades de se refaire un peu ; on dut songer aussi à se procurer des guides
pour traverser les montagnes. On avait découvert la retraite
de Ponca, on finit par le décider à venir trouver Nuñez, qui le
gagna bien vite par ses manières franches et amicales. Ponca
lui dit alors tout ce qu'il savait sur les richesses du pays et le
confirma dans l'idée qu'il y avait une grande mer au delà

des montagnes. Il ajouta même, en lui montrant une crête très élevée, que de là on voyait cette mer.

Après avoir renvoyé à Coyba ceux de ses compagnons que la marche avait trop éprouvés, Vasco Nuñez, le 20 septembre, s'engagea dans une région rocailleuse, semée de forêts inextricables et coupée de cours d'eau rapides et profonds qu'il était souvent impossible de traverser, sinon sur des radeaux. La marche était tellement pénible, que les Espagnols ne purent faire que dix lieues en quatre jours ; pendant tout ce temps ils eurent à souffrir de la faim. Au bout de quatre jours ils se trouvèrent sur le territoire d'un cacique belliqueux nommé Quaraqua, qui était en guerre avec Ponca.

Quaraqua se jeta sur les Espagnols aussitôt qu'ils apparurent ; mais à la première décharge des armes à feu les Indiens prirent la fuite ; il en resta cependant six cents sur le champ de bataille : Quaraqua était du nombre.

Un frère du cacique et un grand nombre d'Indiens furent faits prisonniers ; ils étaient vêtus de robes de coton blanc ; on affirme aussi qu'au nombre des prisonniers il y avait des nègres qui avaient été esclaves du cacique. Les prisonniers donnèrent à entendre que ces hommes noirs venaient d'un pays qui n'était pas très éloigné, et que leur nation à eux était continuellement en guerre avec ce pays.

Aussitôt après la bataille, les Espagnols se rendirent au village de Quaraqua et y trouvèrent beaucoup d'or et de bijoux. Nuñez mit à part le cinquième destiné à la couronne et partagea le reste entre ses compagnons. Le village était au pied de la dernière montagne qu'il restait à gravir. Malgré son impatience, Nuñez fut contraint de faire quelque séjour dans le village à cause de ses blessés. Il choisit de nouveaux guides parmi ses prisonniers et congédia les sujets de Ponca. Il lui restait seulement soixante-sept hommes en état de continuer le voyage.

MONTAGNE DU HAUT DE LAQUELLE VASCO NUÑEZ APERÇUT L'OCÉAN PACIFIQUE.

CHAPITRE IX

Vasco Nuñez et ses compagnons quittèrent le village au point du jour et commencèrent à gravir la montagne. Vers les dix heures ils sortirent de la région des forêts, ils n'avaient plus devant eux que la partie nue de la montagne.

A quelque distance du sommet Nuñez commanda à sa troupe de faire halte, et seul, le cœur palpitant, il fit les derniers pas qui le séparaient du point d'où l'on apercevait la mer inconnue. Il s'arrêta comme ébloui : à ses regards apparaissait un nouveau monde séparé de l'ancien par l'énorme chaîne de montagnes dont il occupait le sommet.

Aussitôt il se jeta à genoux pour remercier Dieu d'avoir permis qu'il fût le premier Européen à faire cette grande découverte. Alors il appela ses compagnons, et les invita à remercier Dieu à leur tour.

Les Espagnols l'embrassèrent et lui jurèrent de le suivre jusqu'à la mort. Parmi eux se trouvait un prêtre, Andréas de Vara, qui entonna le *Te Deum laudamus*.

C'était assurément une des plus sublimes découvertes qui eussent été faites jusque-là dans le Nouveau Monde. Était-ce là enfin le grand océan Indien, tout parsemé d'îles où abondent l'or, les pierres précieuses et les épices, et où s'élèvent les splendides cités qui sont les marchés de l'Orient? ou bien était-ce une mer inconnue, baignant des terres incultes et sauvages? Le temps seul devait résoudre le problème. Pour le moment Vasco Nuñez prit possession, au nom des souverains de Castille, de la mer, des îles et des terres avoisinantes : le notaire de l'expédition dressa un acte de la prise de possession, et les soixante-six Espagnols qui étaient présents signèrent ce document. On coupa un grand arbre pour en faire une croix que l'on planta à l'endroit même d'où Nuñez avait aperçu d'abord le nouvel océan. On éleva un monceau de pierres et l'on grava les noms des souverains sur les arbres voisins. Les Indiens regardaient en silence, ne se doutant guère que ces monuments symboliques présageaient l'asservissement de leur pays.

La découverte de l'océan Pacifique eut lieu le 26 septembre 1513 ; les Espagnols avaient mis vingt jours pour arriver du pays de Careta au sommet de la montagne.

CHAPITRE X

En descendant l'autre versant, Nuñez arriva dans le pays d'un
cacique belliqueux nommé Chiapes. Chiapes vint bravement à
la rencontre des envahisseurs, mais ses hommes prirent la fuite
à la première décharge des armes à feu.

Vasco Nuñez arrêta aussitôt l'effusion du sang et ordonna
que l'on fît des prisonniers. Arrivé au village de Chiapes, il envoya plusieurs de ces prisonniers, avec les guides indiens qu'il
avait amenés, à la recherche du cacique. Chiapes se présenta
tout tremblant ; il apportait une grande quantité d'or pour obtenir la paix. Vasco Nuñez le reçut avec beaucoup de bienveil-
lance, et en échange de son or lui donna des objets de pacotille qui excitèrent son admiration et sa reconnaissance.

Décidé à demeurer quelques jours dans le village de Chiapes,
il renvoya les guides qu'il avait amenés du village de Quaraqua,
avec ordre de lui dépêcher ceux de ses gens qui étaient restés en
arrière. Pendant que le reste de sa troupe se reposait, il envoya
trois détachements d'éclaireurs, de douze hommes chacun, commandés par François Pizarre, Juan de Escaray et Alonso Martin
de Bon-Benito ; ils devaient explorer le pays et découvrir le
meilleur chemin pour gagner le bord de la mer. Alonso Martin,
en deux jours seulement, arriva à une baie où il vit deux grands
canots à sec sur le sable. Comme les Espagnols s'étonnaient de
voir deux canots échoués sans que la mer fût visible si loin
que se portât le regard, la marée se mit à monter si rapide-

ment, que les deux canots se trouvèrent presque subitement à
flot. Alonso Martin sauta dans l'un des canots et prit ses compagnons à témoin qu'il était le premier Européen qui se fût embarqué sur cette mer. Un certain Blas de Etienza suivit son
exemple et pria ses compagnons d'attester qu'il était le second.
Ensuite le détachement revint trouver le commandant de
l'expédition.

Nuñez, laissant au village de Chiapes tous ceux qui avaient
besoin de repos, et parmi eux les Espagnols nouvellement arrivés de Quaraqua, partit avec vingt-six hommes pour le bord
de la mer; il était accompagné du cacique et d'un grand
nombre de ses guerriers. La côte semblait inhabitée, et l'on n'a-
percevait pas une seule voile sur toute l'étendue de la mer.

Arrivé au bord d'une grande baie, Nuñez l'appela baie de
Saint-Michel, parce qu'il l'avait découverte le jour de la Saint-
Michel. Quand la marée commença à monter, il s'avança au-
devant de la mer, l'épée nue à la main droite, le bouclier à
l'épaule, tenant de la main gauche une bannière où étaient
représentés la Vierge et l'enfant Jésus au-dessus des armes de
Castille et de Léon, et prit solennellement possession de la
mer et des terres qu'elle baignait, au nom de don Ferdinand
et de dona Juana, souverains de Castille, de Léon et d'Aragon.
Le notaire dressa un procès-verbal qui fut signé par tous les
assistants.

Nuñez ensuite, avec la pointe d'un poignard, traça trois
croix sur des arbres en l'honneur de la sainte Trinité, et ses
compagnons l'imitèrent. Quelques-uns coupèrent des branches
d'arbres et les emportèrent comme des trophées.

CHAPITRE XI

Faisant du village de Chiapes son quartier général, Nuñez envoyait des détachements à droite et à gauche pour explorer le pays : il recueillit ainsi une grande quantité d'or. Il lui prit fantaisie aussi de reconnaître par mer les bords d'un grand golfe qui pénétrait profondément dans les terres. Le cacique Chiapes essaya de le détourner de son dessein en lui disant que cette mer était très dangereuse pendant les mois d'octobre, de novembre et de décembre, et qu'il avait vu des canots de grande dimension submergés par les vagues ou engloutis par les tourbillons. Comme Nuñez refusait de renoncer à son entreprise, Chiapes voulut y prendre part aussi. Nuñez partit donc le 17 octobre avec soixante hommes, répartis dans neuf canots conduits par des Indiens.

L'évènement justifia les prévisions du cacique. Une violente tempête s'éleva, et après une journée de lutte et de dangers les imprudents explorateurs durent chercher un refuge sur une petite île du golfe. Ayant attaché les canots à des rochers et à de petits arbres qui croissaient sur le bord de la mer, ils cherchèrent un lieu élevé et sec pour y prendre du repos. Mais la marée monta beaucoup plus haut qu'ils ne se l'étaient imaginé : ils furent chassés de roc en roc et finirent par avoir de l'eau jusqu'à la ceinture. Le moindre coup de mer pouvait les balayer tous à la fois ; par bonheur le vent s'était calmé et la marée commençait à baisser rapidement.

Quand le jour parut, ils cherchèrent leurs canots : les uns avaient été mis en pièces; les autres étaient fendus et hors de service; les vêtements et les vivres avaient été emportés par la mer. Les Espagnols furent sur le point de s'abandonner au désespoir, mais Nuñez releva leurs courages, et, payant de sa personne, se mit à l'œuvre pour réparer les canots les moins avariés; les autres se mirent à l'œuvre aussi : avec leurs ceintures ils rapprochèrent les parties disjointes, avec des herbes marines et des écorces d'arbres mélangées de cailloux ils bouchèrent les fentes, le moins mal qu'ils purent. Ensuite ils reprirent la mer : les canots surchargés enfonçaient jusqu'aux bordages, la moindre vague eût suffi pour les faire sombrer. Après une journée de fatigue et d'angoisses ils abordèrent dans un coin du golfe, près de la résidence d'un cacique nommé Tumaco. Laissant une partie de ses hommes à la garde des canots, Nuñez partit avec les autres pour le village le plus voisin. Les habitants s'étant montrés hostiles, il eut recours aux armes à feu et aux limiers; les Indiens se dispersèrent dans les bois en poussant d'affreux hurlements. Dans le village les Espagnols trouvèrent des vivres en abondance, de l'or et une grande quantité de perles, dont quelques-unes étaient fort grosses. Nuñez envoya des Indiens à la recherche de Tumaco; mais le cacique ne put se décider à venir en personne : il se contenta d'envoyer son fils, qui était un jeune garçon très intelligent. Nuñez lui ayant fait grand accueil et lui ayant offert des présents, Tumaco se décida enfin à comparaître en personne; il fit présent à Nuñez d'une énorme quantité d'or et de deux cents perles d'une grande beauté; elles avaient cependant perdu quelque chose de leur orient, parce qu'on s'était servi du feu pour ouvrir les huîtres qui les contenaient.

Voyant le prix que Vasco Nuñez semblait attacher aux perles, Tumaco envoya une trentaine d'Indiens pour en pêcher d'aures à environ dix milles de là. Nuñez ordonna à quelques Espagnols de les suivre pour connaître l'endroit. La tempête avait jeté sur la côte une si grande quantité d'huîtres perlières, que les Indiens n'eurent qu'à les ramasser, sans avoir la peine de plonger dans la mer pour en aller chercher.

Vasco Nuñez fit beaucoup de questions au cacique sur les pays environnants. Le cacique lui répondit de son mieux : on ne connaissait pas la limite de la côte qu'il voyait s'étendre à l'ouest; assez loin dans le sud il y avait un pays très riche en or; les habitants se servaient de certains quadrupèdes pour le transport des fardeaux. Avec de l'argile il modela grossièrement la figure d'un de ces quadrupèdes : les Espagnols crurent y reconnaître ou un daim, ou un chameau, ou un tapir; c'était tout simplement un lama, et le pays dont parlait le cacique était le Pérou.

Avant de retourner à Darien, Nuñez eut un scrupule. Du haut des montagnes il avait pris vaguement possession de tous les pays qui l'entouraient, et il avait renouvelé solennellement la cérémonie dans la baie de Saint-Michel; mais il crut qu'il était de son devoir d'aller prendre possession du continent à l'entrée même du golfe. Tumaco lui offrit son grand canot de cacique creusé dans le tronc d'un arbre énorme; comme les poignées des pagaies étaient incrustées de perles, Nuñez fit remarquer ce détail à ses compagnons, en disant qu'on ne pourrait donner de meilleure preuve, dans le rapport adressé aux souverains, de la richesse du pays.

Il partit le 29 octobre. Les Indiens le conduisirent avec beaucoup de précaution le long du golfe, au-dessus d'une terre inondée, parsemée de forêts et où l'eau était aussi tranquille que celle d'un lac. Arrivé à la pointe du golfe, Nuñez débarqua dans une petite baie, sur une plage de sable, et prit possession au nom des souverains, en grande pompe.

Les Indiens lui montrèrent une étroite bande de terre à l'horizon : c'était la plus grande île d'un archipel assez considérable; dans tout l'archipel on pêchait les perles en grande quantité, mais celles qui venaient de cette île étaient les plus belles. L'archipel tout entier était sous la domination d'un cacique redoutable qui venait souvent dans la belle saison, avec un grand nombre de canots, ravager les côtes de la terre ferme, et emmenait des prisonniers pour en faire ses esclaves.

Nuñez parla aussitôt d'aller rendre visite à ce redoutable cacique ; mais les Indiens lui représentèrent que ce serait une folie dans la saison des tempêtes. Rendu sage par l'expérience, il remit l'entreprise à une époque plus favorable et promit aux Indiens d'avoir raison de leur ennemi. En attendant il appela la grande île Isla Rica et l'archipel tout entier archipel des Perles.

Le 3 novembre il quitta le territoire de Tumaco pour visiter d'autres parties de la côte. Chiapes l'accompagnait et le fils de Tumaco lui servait de pilote. Le jeune Indien lui fit traverser un bras de mer où la navigation, en certains endroits, était entravée par le lacis des racines du manglier ; plusieurs fois les voyageurs durent se frayer un passage en coupant les racines à coups d'épée.

Ils remontèrent ensuite le cours d'une rivière rapide et turbulente et surprirent un village indien ; le cacique Teaochan, fait prisonnier, se racheta en donnant à son vainqueur de l'or, des perles et des provisions. C'est en cet endroit que Nuñez fit ses adieux à Chiapes et au fils de Tumaco ; il se dirigea alors vers la montagne, donnant rendez-vous dans un endroit convenu à ceux de ses hommes qui étaient restés dans le village de Chiapes. Chiapes et le fils de Tumaco pleurèrent en le quittant ; Teaochan lui-même fut séduit comme les autres. Pendant trois jours il offrit la plus large hospitalité à Nunez et à ses compagnons ; au moment du départ il lui donna des provisions en abondance et envoya un grand nombre de ses sujets pour servir de porteurs. Il plaça ces porteurs sous les ordres de son fils, qui ne devait pas quitter les étrangers sans l'autorisation de Nuñez.

CHAPITRE XIII

La chaleur était intolérable; toutes les sources étaient à sec
dans la montagne, les Espagnols furent en grand danger de
périr de soif; encouragés par les Indiens, ils firent des efforts
désespérés et finirent par atteindre une vallée où il y avait de
l'eau en abondance. Pendant qu'ils se reposaient, les guides
leur apprirent qu'ils se trouvaient en ce moment sur le territoire d'un cacique nommé Poncra célèbre par ses richesses. Il
n'en fallut pas davantage pour leur faire oublier leurs fatigues,
et ils se jetèrent sur le village de Poncra; le cacique avait pris
la fuite avec les siens; mais les Espagnols firent main basse sur
une énorme quantité d'or. Poncra lui-même, découvert dans
sa retraite, fut amené devant Nuñez, qui lui demanda d'où il
tirait son or. Le cacique déclara que cet or lui venait de ses
ancêtres, qu'il n'y attachait personnellement aucun prix et qu'il
n'avait jamais cherché à s'en procurer. Les Espagnols, persuadés qu'il mentait, eurent recours aux promesses, puis aux
menaces, puis aux tortures. Ne pouvant rien tirer de lui, ils le
firent mettre en pièces par leurs limiers, avec trois de ses
compagnons. La mort de ce malheureux pèsera éternellement
sur la mémoire de Nuñez.

Les Espagnols passèrent trente jours dans le village du malheureux Poncra et y furent rejoints par ceux de leurs compagnons qui venaient du village de Chiapes. Ils étaient accom-
pagnés d'un cacique des montagnes, qui, après leur avoir

donné l'hospitalité, leur avait fait présent d'une grande quantité d'or.

Toujours escortés par les Indiens de Teaochan, les Espagnols suivirent la rivière de Comagre, qui descend la pente nord de l'isthme et parcourt le territoire du cacique Comagre; ils quittèrent ensuite les bords de la rivière, qui devenaient impraticables à cause des précipices et des forêts, et coupèrent à travers le pays, guidés par les Indiens, escaladant des rochers, se faisant jour à travers d'épaisses forêts et franchissant des marais où ils auraient péri dans la boue, sans les Indiens qui connaissaient bien le pays.

Leur avarice faillit leur être fatale; en effet, préoccupés surtout de transporter leur or, ils firent peu de provisions et souffrirent cruellement de la faim, car dans cette partie élevée de la montagne les villages étaient rares et mal approvisionnés; plusieurs Indiens succombèrent. Enfin les Espagnols atteignirent un village moins misérable que les autres, où ils passèrent trente jours pour se refaire.

CHAPITRE XIV

Ils avaient à traverser le territoire du cacique Tubanama, qui était la terreur du pays. Désespérant de triompher de lui en bataille rangée, malgré la supériorité des armes à feu et le secours des limiers, Nuñez conçut un plan d'une hardiesse extrême. Laissant au village tous ceux qui étaient ou malades ou affaiblis par les privations, il prit les soixante-dix hommes les plus vigoureux et les plus agiles de sa bande et se dirigea secrètement, à marches forcées, vers le village de Tubanama, donna l'assaut de nuit et fit le cacique prisonnier avec tous les siens. Les Indiens de la suite de Nuñez voulaient qu'on mît le cacique à mort : Nuñez, pour épouvanter Tubanama, feignit de céder à leurs prières, Tubanama offrit une énorme rançon, qui fut acceptée; mais il ne voulut jamais dire d'où il tirait son or, et prétendit qu'il se le procurait chez ses voisins. Nuñez, ayant fait sonder les cours d'eau et ayant constaté qu'ils roulaient de l'or en quantité, forma aussitôt le projet de fonder deux établissements dans le voisinage.

Cependant beaucoup d'Espagnols étaient malades; il fallait les porter ou les soutenir sous les bras; Nuñez lui-même avait la fièvre et dut se faire transporter dans un hamac.

Enfin les hardis explorateurs arrivèrent sur les terres de leur ami : Comagre le vieux cacique était mort; son fils, qui lui avait succédé, s'était fait baptiser; il les reçut en amis et leur donna de l'or.

Après quelques jours de repos, Nuñez se rendit à Ponca, où il apprit qu'un navire et une caravelle étaient arrivés d'Hispaniola à Darien avec des renforts et des provisions. Il partit en toute hâte pour Coyba et s'embarqua le 18 janvier 1514, avec vingt de ses hommes, sur le brigantin qu'il y avait laissé au commencement de son expédition. Le lendemain il débarqua à Santa-Maria de la Antigua, sur la rivière de Darien, et y fut reçu avec des transports d'enthousiasme. Le jour suivant il dépêcha le navire et la caravelle, qui ramenèrent de Coyba le reste de ses compagnons avec les richesses qu'il avait amassées en route et un grand nombre de prisonniers des deux sexes. Il mit à part le cinquième qui revenait à la couronne et partagea le reste entre tous ses compagnons, donnant, comme c'était juste, la plus forte part à ceux qui avaient partagé ses fatigues et ses dangers.

Le succès de cette entreprise extraordinaire montre bien que Nuñez avait toutes les qualités d'un grand général : il avait été toujours le premier à l'attaque et le dernier à quitter le champ de bataille ; il avait pris sa part de toutes les fatigues et de toutes les souffrances, comme le dernier des soldats, traitant ses hommes avec la plus grande affabilité, visitant et consolant les malades et les blessés, et partageant entre eux les bénéfices de l'entreprise avec la plus grande équité. Quoiqu'on puisse lui reprocher certains actes de violence et d'injustice, il est juste de dire qu'il se montra en général beaucoup moins dur et beaucoup moins cruel que tous ses devanciers ; la sympathie profonde que lui témoignèrent presque tous les Indiens lorsqu'ils furent à même de le connaître personnellement, est un témoignage précieux en sa faveur.

Son caractère s'était élevé avec les circonstances, qui avaient fait d'un vulgaire soldat de fortune un vrai général et un politique distingué par la grandeur de ses vues et la noblesse de ses sentiments.

CHAPITRE XV

Désormais Vasco Nuñez de Balboa se croyait assuré d'avoir imposé silence à ses ennemis et mérité l'approbation de son souverain. Il écrivit au roi pour lui rendre compte de sa découverte et pour lui faire connaître la richesse des pays qu'il avait entrevus. Outre le cinquième qui revenait à la couronne, il envoya en son propre nom et au nom de ses compagnons les plus belles perles qu'ils avaient pu recueillir. Il choisit pour présenter au roi la lettre et les présents son fidèle ami Pedro de Arbolancha, qui avait partagé ses fatigues et ses dangers et qui était au courant des moindres détails de la découverte.

Par malheur le vaisseau qui devait emporter Arbolancha ne fut prêt à partir qu'au commencement de mars : ce retard eut une fâcheuse influence sur la destinée de Vasco Nuñez. Voici pourquoi et comment.

Le bachelier Enciso était arrivé en Espagne l'esprit rempli des torts qu'on lui avait faits et des indignités qu'il avait souffertes. Comme il avait des amis à la cour, il obtint facilement une audience du roi et lui exposa la prétendue usurpation de Nuñez. En vain l'alcade Zamudio prit la défense de son collègue ; Enciso citait des faits, et ses arguments parurent sans réplique. Le roi résolut d'envoyer à Darien un nouveau gouverneur pour ouvrir une enquête et réformer les abus : son choix tomba sur don Pedro Arias Davila, connu sous le nom de Pedrarias. Né à Ségovie, élevé dans la maison du roi, Pedrarias s'était distingué dans la guerre de Grenade et avait eu la gloire de s'emparer d'Oran et de Bougie, en Afrique.

Malgré tous ses mérites, Pedrarias n'était point l'homme qu'il eût fallu choisir pour gouverner une bande d'aventuriers turbulents et grossier; mais il était mis en avant par son ami le tout-puissant Fonseca.

Il venait donc d'être officiellement désigné, lorsque Cayzedo et Colmenares arrivèrent, annonçant que le fils du cacique Comagre avait parlé d'une grande mer qui se trouvait de l'autre côté des montagnes et que Nuñez demandait mille hommes pour aller la reconnaître.

L'avarice et l'ambition de Ferdinand prirent feu aussitôt : il récompensa Cayzedo et Colmenares pour avoir apporté cette grande nouvelle et résolut de mettre Pedrarias à la tête de douze cents hommes pour tenter l'entreprise.

Juste en ce moment le fameux Gonzalve de Cordoue, surnommé le Grand Capitaine, se préparait à retourner à Naples, où les alliés de l'Espagne, après avoir essuyé de grands revers, réclamaient son assistance. Toute la noblesse d'Espagne s'enrôla sous la bannière du Grand Capitaine et se ruina en préparatifs. Ferdinand, jaloux de l'enthousiasme qu'excitait la personne de Gonzalve, contremanda l'expédition. Alors la noblesse désappointée se tourna vers Pedrarias, et il n'eut qu'à choisir parmi ce que l'Espagne avait de plus vaillant et de plus noble.

Rien ne fut épargné pour le succès de l'entreprise, qui devait être une campagne de colonisation et de conquête. On fit venir de l'artillerie et de la poudre de Malaga; aux armes et armures habituelles on ajouta des cuirasses de coton piqué et des boucliers en bois des îles Canaries.

Santa-Maria de la Antigua fut, par ordonnance royale, érigée en métropole du nouvel empire, que l'on ne désigna plus que sous le nom de Castille d'Or. Un moine franciscain, Juan de Quévedo, fut nommé évêque, avec pouvoir de résoudre tous les cas de conscience, et on lui adjoignit un certain nombre de religieux.

Il fut décidé que l'on n'admettrait aucun homme de loi dans la nouvelle colonie, parce qu'on avait remarqué que les hommes de loi avaient singulièrement nui aux progrès de la colonisation à Hispaniola. Toutes les affaires judiciaires passeraient par les mains du licencié Gaspar de Espinosa, qui reçut le titre d'alcade mayor ou juge suprême.

Don Pedrarias avait pour instructions de se montrer très indulgent envers les colons de Darien qui avaient fait partie de l'expédition de Nicuesa, et de leur faire remise du cinquième qu'ils devaient à la couronne pour l'or qu'ils auraient amassé jusqu'au jour de son arrivée. Vasco Nuñez de Balboa seul devait être traité avec sévérité. Pedrarias devait le dépouiller de son autorité usurpée et le faire comparaître devant l'alcade mayor Gaspar de Espinosa pour rendre compte de sa conduite envers le bachelier Enciso.

L'expédition partit de San-Lucar le 12 avril 1514 : quelques jours seulement après son départ arriva Pedro Arbolancha, l'émissaire de Nuñez ; s'il fût seulement arrivé quelques jours plus tôt, Nuñez était sauvé.

Admis en présence du roi, Arbolancha lui rendit compte du succès de l'entreprise et déposa à ses pieds les perles et l'or qui étaient comme les prémices d'une richesse inépuisable. La grande nouvelle se répandit bientôt, et l'Espagne tout entière en tressaillit de joie. Il n'y avait plus qu'une voix sur le compte de Vasco Nuñez : c'était un grand homme, c'était le bienfaiteur de son pays et le digne successeur de Colomb. Le roi se repentit d'avoir donné à son égard des ordres si sévères et pria Fonseca d'aviser aux moyens de le récompenser selon ses mérites.

CHAPITRE XVI

Nuñez cependant, avec la sage prévoyance d'un bon administrateur, faisait mettre en culture les terres de Darien et des
pays avoisinants, afin que la colonie fût en mesure de se suffire
à elle-même. La ville était située sur la rivière et comptait
plus de deux cents maisons et cases ; la population se compo-
sait de cent quinze Européens et de quinze cents Indiens, hommes et femmes. Vasco Nuñez, qui songeait à tout, s'occupait de
divertir les Européens par des jeux et des spectacles. De temps
à autre il envoyait des expéditions pour étudier les ressources
du pays et rappeler aux indigènes qu'ils avaient un maître. Ses
derniers exploits avaient frappé toutes les imaginations, et son
autorité était acceptée de tous et au-dessus de toute discussion.
La colonie était en pleine prospérité, lorsque la flotte de don
Pedrarias apparut, au mois de juin, dans le golfe d'Uraba.

Les cavaliers de l'expédition étaient impatients de débarquer
pour voir de leurs yeux les merveilles dont on leur avait rebattu
les oreilles ; mais Pedrarias, qui connaissait le caractère résolu
de Nuñez et le dévouement qu'il avait su inspirer à ses compagnons, fut obligé de réprimer leur impatience. Ayant mouillé
à une lieue et demie environ de l'établissement, il envoya un
messager pour annoncer officiellement son arrivée. Le messager, qui s'attendait à trouver dans Nuñez une sorte de potentat
asiatique, fut fort surpris quand on le mit en présence d'un
homme simple et modeste, vêtu de coton et chaussé d'espa-

drilles, qui surveillait tranquillement des Indiens occupés à
couvrir sa case d'un toit de chaume et qui ne dédaignait pas
de mettre la main à l'œuvre.

Le messager l'aborda avec respect et lui annonça l'arrivée de
don Pedrarias, gouverneur du pays.

Nuñez dut être fort surpris de ce qu'il entendait, mais il n'en
fit rien paraître, et répondit du ton le plus calme et le plus me-
suré : « Dites à don Pedrarias Davila qu'il est le bienvenu, que
je le félicite d'avoir fait une heureuse traversée, et que je suis
à ses ordres, comme tous ceux qui sont ici. »

Les colons s'indignèrent en apprenant qu'on leur envoyait
un autre gouverneur. Les plus violents parlaient de recevoir
l'intrus l'épée à la main et de le forcer à se rembarquer. Nuñez
usa de son ascendant sur eux pour les ramener à des idées plus
sages.

Pedrarias débarqua le 30 juin en compagnie de sa femme,
qui n'avait pas voulu se séparer de lui et qui avait montré un
courage héroïque au milieu des dangers de la traversée. Il fit
son entrée dans la ville à la tête de deux cents hommes bien
armés. Il marchait entre sa femme, à qui il donnait la main, et
l'évêque de Darien en costume ; de jeunes cavaliers richement
vêtus lui formaient une escorte presque royale.

Cette escorte brillante faisait un contraste frappant avec les
« vieux soldats de Darien », misérablement vêtus, demi-sau-
vages, qui étaient tous venus sans armes.

Vasco Nuñez adressa un profond salut à Pedrarias et lui
promit obéissance, en son nom et au nom de toute la colonie ;
ensuite il le conduisit dans sa cabane couverte de chaume et
lui fit servir un festin, composé de racines, de fruits, de pain
de maïs et de casse, sans autre boisson que l'eau de la rivière.
Les beaux cavaliers de Pedrarias furent singulièrement surpris
de cette pauvreté, car ils s'étaient attendus à voir « l'usurpateur de la Castille d'Or » déployer un luxe oriental. Nuñez fit les
honneurs de ce festin d'anachorète avec une noble courtoisie.

CHAPITRE XVII

Le lendemain, Pedrarias eut une conférence avec Nuñez en présence de l'historien Oviedo, qu'il avait amené comme notaire de la colonie. Le gouverneur commença par affirmer à Nuñez que le roi lui avait recommandé de le traiter avec la plus grande distinction, de le consulter sur les affaires de la colonie et de lui demander des renseignements sur les pays avoisinants. En son propre nom, il exprima toute sa sympathie et son intention de consulter Nuñez et de suivre ses conseils dans toutes les affaires d'un intérêt général.

Vasco Nuñez, qui était franc et ouvert, se laissa prendre aux belles paroles du rusé politique et lui parla sans réserve; Pedrarias n'eut pas honte d'abuser de sa confiance, et se fit donner par écrit un détail exact de l'état de la colonie, de la route qu'il avait suivie pour atteindre la mer du Sud, de la situation de l'archipel des Perles, des cours d'eau où l'on trouvait de l'or; il se fit nommer aussi les caciques avec lesquels il avait conclu des traités.

Quand il eut tiré de lui tout ce qu'il voulait savoir, il jeta le masque et annonça une enquête sur la conduite de Nuñez et de ses officiers. Cette enquête serait conduite par le licencié Gaspar de Espinosa en sa qualité d'alcade mayor. Dès le début de l'enquête l'alcade mayor se trouva fort embarrassé; car il n'entendait rien aux affaires, vu qu'il venait de quitter les bancs de l'université de Salamanque. Nuñez, voyant qu'il se laissait

volontiers guider par l'évêque de Darien, se fit un ami de l'é-
vêque, et l'enquête marcha à souhait pour lui, glissant sur les
offenses et appuyant sur les services. Pour parer ce coup,
Pedrarias fit appeler près de lui les compagnons de Nicuesa et
de Ojeda et les pressa de questions, pour tirer de leurs réponses
la preuve que Nuñez avait usurpé le pouvoir et en avait abusé.
L'évêque et l'alcade protestèrent contre cette procédure, la
déclarant illégale, puisqu'elle se produisait en dehors d'eux,
quoiqu'ils fussent ses coadjuteurs dans le gouvernement. Ils
récusèrent donc les témoignages des compagnons de Nicuesa et
de Ojeda, alléguant que ces témoignages étaient nuls, venant
d'ennemis déclarés de Nuñez. Nuñez fut déchargé de cette
partie de l'accusation; mais il avait à répondre aux demandes
de tous ceux à qui il avait pu causer des pertes et des dom-
mages par les mesures qu'il avait prises.

Pedrarias ne tint pas compte de cet acquittement et parla
d'envoyer Nuñez chargé de chaînes en Espagne pour répondre
de la mort de Nicuesa et autres offenses graves. L'évêque lui
fit observer qu'envoyer Nuñez en Espagne c'était lui préparer
un triomphe; car, à supposer même qu'il fût coupable, la grandeur de ses services ferait oublier toutes ses fautes.

Pedrarias embarrassé prit un moyen terme et résolut de
garder Nuñez à Darien, de miner peu à peu sa popularité, et de
le ruiner en lui faisant intenter des procès par tous les particuliers auxquels il avait fait quelque tort.

Pendant qu'il travaillait ainsi à ruiner Nuñez, il résolut de
faire son profit des renseignements qu'il avait tirés de lui; par
exemple il songea à établir une ligne de postes entre Darien et
la mer du Sud. A supposer que le roi envoyât des ordres moins
sévères au sujet de Nuñez, il pouvait, en se hâtant, se donner
le mérite d'avoir colonisé la côte, tandis que Nuñez n'avait fait
que la visiter. Comme il prenait déjà ses mesures, des calamités
imprévues fondirent sur la colonie et forcèrent le gouverneur
de courir au plus pressé.

CHAPITRE XVIII

La chaleur et l'humidité engendrèrent des fièvres pernicieuses qui emportèrent d'abord les nouveaux arrivés ; Pedrarias fut atteint, et on fut obligé de le transporter en meilleur air, avec un grand nombre des siens, sur la rivière Cobrari. Les provisions qu'il avait apportées d'Espagne ayant été en grande partie gâtées par l'eau de mer, il fallut bientôt recourir au rationnement : la faiblesse qui en résulta augmenta le nombre des malades. Au bout de quelque temps la colonie eut à souffrir les horreurs de la famine.

Les « vieux soldats de Darien » eux-mêmes furent fort éprouvés ; quant aux brillants cavaliers de Pedrarias, ils furent réduits au désespoir : l'un des plus distingués mourut littéralement de faim en pleine rue.

En l'espace d'un mois sept cents des compagnons de Pedrarias avaient été enlevés soit par la maladie, soit par la faim. Il autorisa les autres à s'embarquer pour Cuba : quelques-uns de ces derniers s'enrôlèrent sous les ordres de Velasquez, qui s'occupait à coloniser l'île ; d'autres finirent par rentrer en Espagne, ruinés, malades et désespérés.

CHAPITRE XIX

Le départ de ces malheureux avait été un grand soulagement
pour la colonie. Pedrarias, après sa guérison, commença à envoyer des expéditions à travers le pays pour se procurer des
vivres, mettant toujours ses créatures à la tête de ces expéditions, tandis que Nuñez, l'homme le mieux fait pour les conduire
à bonne fin, en était systématiquement exclu.

D'autre part, il était harassé de petits procès qui naturellement en engendraient d'autres; malgré la précaution que l'on
avait prise de ne point admettre d'hommes de loi parmi les colons, la manie des procès s'était tellement développée, que,
selon le rapport de l'alcade mayor, si l'on eût divisé le nombre
des procès en instance par celui des colons, chaque colon en
aurait en moyenne quarante pour sa part.

Irrité de son inaction, Nuñez résolut d'explorer comme
simple particulier et à ses frais les côtes de la mer du Sud. Il
envoya donc à Cuba un certain Andres Garabito pour enrôler
des hommes et acheter des provisions. Son dessein était de
traverser l'isthme en partant de Nombre de Dios et de fonder
une colonie sur l'océan du Sud; de là il étendrait ses découvertes, par terre et par mer.

Pendant qu'il attendait le retour de Garabito, il eut le cha-
grin de voir plusieurs de ses plans de colonisation compromis
par la maladresse de Pedrarias. Par exemple, le gouverneur
envoya son lieutenant général, Juan de Ayora, pour visiter les

provinces des caciques avec lesquels Nuñez avait conclu des traités et chez lesquels il avait séjourné pendant le cours de son expédition. Ayora dévasta les contrées qu'il était censé explorer, et, par sa brutalité, changea l'amitié des caciques pour les Espagnols en une haine mortelle.

Les partisans de Nuñez ne manquèrent pas d'opposer à ces procédés ceux qui lui avaient si bien réussi. La jalousie de Pedrarias s'en accrut, et il résolut d'en finir avec Nuñez en lui confiant une entreprise qui ne pouvait aboutir qu'à un désastre. Sachant qu'il avait mal réussi dans sa tentative pour découvrir le temple d'or de Dobayba, il lui proposa d'y conduire une nouvelle expédition.

CHAPITRE XX

Les Indiens de Dobayba étaient très braves et en même temps très habiles à tendre des embuscades. Le pays était coupé de marais et de marécages infestés par des reptiles de toute espèce. L'air était rempli de cousins et de moustiques; on parlait d'énormes chauves-souris auxquelles on prêtait toutes les vertus malfaisantes du vampire; les cours d'eau et les marais nourrissaient des alligators toujours à l'affût d'une proie; les vieux historiens parlent aussi de dragons et de monstrueuses harpies. Les Indiens eux-mêmes avaient horreur de cette région maudite, et dans leurs voyages ils faisaient de longs détours pour éviter de la traverser.

Quelques-uns des jeunes cavaliers de Pedrarias, parmi ceux qui avaient refusé de partir pour Cuba, témoignaient un vif désir de tenter l'expédition de Dobayba, espérant s'enrichir d'un seul coup. Pedrarias ayant proposé à son rival de se mettre à leur tête, Nuñez accepta avec empressement. On lui donna deux cents hommes résolus; Luis Carillo, officier de Pedrarias, qui avait déjà échoué dans une entreprise périlleuse, partagea le commandement avec lui. Nuñez en fut très irrité, mais il s'était trop avancé pour reculer.

Les deux cents hommes, montés sur des canots, suivirent la côte jusqu'à une rivière qui descend du pays de Dobayba et se mirent à remonter le cours de cette rivière. Comme ils s'avançaient sans prendre toutes les précautions nécessaires, ils tombèrent dans une embuscade. La moitié des Espagnols furent tués ou se noyèrent; Luis Carillo eut la poitrine transpercée d'un coup de lance; Vasco Nuñez lui-même fut blessé et regagna non sans peine le bord de la mer, avec sa petite armée diminuée de moitié.

Les Indiens, qui l'avaient suivi, l'attaquèrent une seconde fois; mais il les tint en respect jusqu'au soir et profita de la nuit pour reprendre la direction de Darien, où il arriva après des dangers sans nom et des fatigues inouïes.

Les partisans de Pedrarias triomphèrent du malheur de Nuñez, mais les amis de Nuñez rejetèrent toute la faute sur Luis Carillo. « Vasco Nuñez, disaient-ils, avait toujours commandé seul dans ses autres expéditions, pourquoi l'avait-on embarrassé d'un associé? S'il eût été maître absolu, les choses auraient tourné autrement. »

CHAPITRE XXI

Il arriva alors des dépêches d'Espagne **qui** promettaient de donner un nouvel aspect à la fortune de Vasco Nuñez et aux affaires de la colonie. Dans une lettre adressée à Nuñez le roi lui disait en quelle haute estime il tenait ses mérites et services; il le nommait adelantado de la mer du Sud et gouverneur des provinces de Panama et de Coyba, tout en le subordonnant à Pedrarias. Une autre lettre adressée à Pedrarias l'informait de ce que Sa Majesté avait décidé à propos de Nuñez et lui enjoignait de le consulter sur toutes les affaires de conséquence. C'était un coup humiliant pour la vanité et l'importance de Pedrarias, et il chercha aussitôt les moyens de le parer. Pour se donner le temps de réfléchir, il garda provisoirement la lettre adressée à Nuñez. Mais Nuñez et l'évêque de Darien eurent vent de la chose; l'évêque s'en plaignit hautement et, du haut de la chaire, déclara que le gouverneur s'était rendu coupable de désobéissance envers le souverain et d'outrage envers Nuñez.

Le gouverneur convoqua en conseil ses officiers publics et, après leur avoir communiqué le contenu de la lettre, leur demanda si leur avis était d'investir Nuñez des dignités qui lui étaient conférées. L'alcade mayor, Espinosa, qui avait passé du parti de l'évêque à celui du gouverneur, déclara avec violence qu'on ne pouvait investir Nuñez d'aucune charge tant que l'enquête pendante n'aurait pas abouti. Le trésorier et le comptable le soutinrent avec chaleur. Mais l'évêque déclara avec indignation qu'il y avait de la présomption et de la déloyauté à discuter les ordres du roi, et à disputer à un sujet les récompenses qu'il avait si bien méritées et qui lui avaient été accordées en connaissance de cause. Le gouverneur, craignant de se compromettre trop gravement, se rangea à l'avis de l'évêque. Le conseil dura jusqu'à minuit; il fut décidé que dès le lendemain on conférerait à Nuñez les titres et dignités que le roi lui avait accordés.

Cependant Pedrarias et ses officiers réfléchirent que si, avec les titres, Nuñez recevait l'autorité qu'ils comportaient, le gouvernement de Darien et de la Castille d'Or serait réduit à rien; iis proposèrent donc à Nuñez d'accepter les titres et de n'exercer l'autorité qu'à partir du jour où Pedrarias lui en donnerait la permission. L'évêque et Nuñez, pour éviter de nouvelles complications, acceptèrent cet arrangement.

Dès lors Nuñez prit ouvertement le titre d'adelantado; ses anciens amis relevèrent la tête et de nouveaux partisans se groupèrent autour de lui.

La jalousie de Pedrarias s'en accrut, et dès lors il regarda l'adelantado comme un rival dangereux et comme un ennemi perfide. Juste en ce moment Garabito arriva de Cuba avec un navire chargé d'armes et de munitions et soixante-dix hommes résolus. Il jeta l'ancre à six lieues de la côte et fit prévenir secrètement Nuñez.

Pedrarias, prévenu de son côté sous main, crut à une trahison et ordonna d'enfermer son rival dans une cage de bois. L'évêque intervint à temps pour empêcher Pedrarias de commettre une faute irréparable; cependant Nuñez fut arrêté et mis en lieu de sûreté jusqu'à plus ample information. L'affaire s'expliquait d'elle-même, néanmoins Pedrarias fit ses conditions avant de relâcher l'adelantado.

CHAPITRE XXII

Encouragé par un premier succès, l'évêque de Darien voulut persuader au gouverneur de laisser partir Vasco Nuñez pour son expédition à l'océan du Sud; mais Pedrarias refusa obstinément et expédia lui-même une troupe de soixante hommes commandée par Gaspar Moralès, qui était son parent. Moralès était accompagné de François Pizarre, qui avait fait partie de la première expédition et qui se distingua dans la seconde par son courage indomptable et par ses hautes facultés.

Moralès et Pizarre traversèrent les montagnes de l'isthme par une route plus courte que celle qu'avait suivie Nuñez, et arrivèrent sur les rivages de la mer du Sud dans le pays d'un cacique nommé Tutibra, qui les reçut en amis. Ils voulurent avant toutes choses visiter les îles des Perles; comme Tutibra n'avait que quatre canots à leur offrir, une moitié de la troupe resta au village de Tutibra sous les ordres d'un capitaine nommé Peñalosa, les autres s'embarquèrent avec Pizarre et Moralès. Après une traversée assez périlleuse, les explorateurs arrivèrent à une des petites îles de l'archipel, où ils eurent à combattre les insulaires. De là ils gagnèrent l'île principale, celle que Nuñez avait nommée Isla Rica.

Le cacique, à quatre reprises, essaya de jeter les envahisseurs à la mer; quatre fois il fut repoussé après avoir perdu beaucoup de monde. Forcé de demander la paix, il reçut les Espagnols dans son habitation, qui était très vaste, et leur offrit des perles dans une corbeille d'un travail curieux. Deux de ces perles étaient d'une grosseur extraordinaire : l'une d'elles pesait vingt-cinq carats ; l'autre était de la grosseur d'une muscade et d'un très bel orient. Les Espagnols lui donnèrent en échange des haches, des perles de verre et des grelots, il crut avoir fait un marché très avantageux.

Conduisant les étrangers au sommet d'une tour de bois, il étendit la main vers le continent dans la direction de l'est, et leur dit que de ce côté il y avait un grand pays très riche, habité par une nation puissante. Ce pays, c'était le Pérou. Pizarre l'écoutait avec une attention profonde, méditant déjà la conquête du pays de l'or.

Avant de quitter l'île, les deux capitaines donnèrent au cacique une si haute opinion de la puissance du roi de Castille, qu'il se reconnut son vassal et s'engagea à lui payer tous les ans un tribut de cent livres de perles.

Les Espagnols débarquèrent sur le continent assez loin de l'endroit où ils s'étaient embarqués, et Gaspar Moralès envoya son parent Bernardo Moralès avec dix hommes à la recherche de Peñalosa et de ses compagnons.

Malheureusement pour les Espagnols, pendant leur absence Peñalosa s'était si mal conduit avec les gens du pays, que les caciques de la côte s'étaient entendus pour massacrer tous les Espagnols.

Bernardo Moralès et ses dix hommes, partis à la recherche de Peñalosa, arrivèrent de nuit au village du cacique Chuchama, qui était l'un des conjurés. Chuchama les reçut avec de grandes démonstrations d'amitié ; mais pendant la nuit il fit mettre le feu à la maison dans laquelle ils dormaient, et la plupart d'entre eux périrent dans les flammes. Chuchama se prépara alors, de concert avec les autres caciques, à attaquer le corps principal des Espagnols. Un cacique nommé Chiruca, qui avait accompagné les étrangers aux îles des Perles, entretenait des intelligences avec les conjurés. Sa conduite ayant paru suspecte, les

Espagnols le mirent à la torture et lui arrachèrent le secret de
la conjuration.

Moralès et Pizarre, troublés d'abord à l'idée du danger qui
les menaçait, cachèrent cependant leur émotion, et ordonnè-
rent à Chiruca d'envoyer un message à chacun des caciques conjurés et de leur donner rendez-vous à un certain endroit, sous
prétexte qu'il avait à leur faire d'importantes communications.
Les caciques vinrent au rendez-vous, au nombre de dix-huit.
On les arrêta tous. Juste en ce moment Peñalosa rejoignit ses
compagnons avec ses trente hommes. Ce renfort inespéré
permit aux Espagnols de prendre hardiment l'offensive contre les
Indiens, qui attendaient pour agir le retour de leurs caciques.
Pizarre, à la tête de l'avant-garde, fondit sur eux à la pointe du
jour en criant : Santiago ! Ce fut un massacre plutôt qu'une bataille, car les Indiens n'étaient pas sur leurs gardes. Au retour
du carnage, les capitaines firent déchirer tous les caciques par
leurs limiers, y compris Chiruça. Dans leur soif de vengeance,
ils attaquèrent le village d'un vaillant cacique nommé Biru.
Forcé de fuir, Biru rallia les siens et fit tant de mal aux Espagnols, qu'ils ne jugèrent pas à propos de le poursuivre, lorsqu'il lui plut de battre en retraite à la nuit tombante.

A peine s'étaient-ils remis en marche, fatigués et découragés,
qu'ils furent attaqués par le fils de Chiruca; plusieurs d'entre
eux furent blessés, et la troupe continua son mouvement de retraite. Les Indiens les harcelèrent pendant sept jours, ne leur
laissant pas un seul instant de repos. Moralès et Pizarre, les
voyant si acharnés à la poursuite, résolurent de gagner une
marche sur eux par un stratagème. Après avoir fait de grands
feux le soir, comme d'habitude, ils décampèrent secrètement
et marchèrent toute la nuit. Mais leur ruse avait été éventée, et
au point du jour ils se trouvèrent entourés de trois troupes de
sauvages. Toute la journée ils demeurèrent sur la défensive, se
battant et se reposant à tour de rôle. A la nuit ils allumèrent
de grands feux et essayèrent encore de tromper la vigilance de

leurs ennemis. Les Indiens les suivirent à la piste et en bles-
sèrent un certain nombre à coups de flèches. Désespérés et
affolés, les Espagnols allaient au-devant des coups de l'ennemi.

Moralès eut recours alors à un moyen barbare : il fit massacrer un certain nombre de prisonniers indiens, espérant que
les ennemis s'arrêteraient pour pleurer et se lamenter sur leurs
cadavres mutilés. Les ennemis ne s'arrêtèrent pas, mais leur
rage et leur désir de vengeance redoublèrent. Pendant neuf
jours les Espagnols furent poursuivis de forêt en forêt et de marécage en marécage, ne sachant même plus où ils allaient ; car
il leur arriva de se retrouver au même endroit qu'ils avaient
abandonné plusieurs jours auparavant.

Attaqués dans une épaisse forêt, ils combattirent avec une
telle fureur, que cette fois ils dispersèrent leurs ennemis. Mais
ils tombèrent d'un danger dans un autre ; car ils se trouvèrent
engagés dans un de ces marais qui abondent sur la côte et où
l'imprudent voyageur est continuellement en danger d'être
noyé ou étouffé dans la boue. Ils finirent cependant, après une
journée de véritable torture, par gagner le bord de la mer.
Menacés par la marée montante, ils escaladèrent un rocher et
se jetèrent sur le sol, haletants et désespérés. Pendant qu'ils s'a-
bandonnaient au désespoir, ils entendirent des voix au-dessous
d'eux et virent quatre canots indiens qui entraient dans une
crique voisine. Quelques hommes résolus mirent les Indiens en
fuite et s'emparèrent des canots ; les Espagnols purent alors
traverser le golfe Saint-Michel et échapper à la poursuite de
leurs ennemis acharnés. Une fois de l'autre côté du golfe, ils se
préparèrent à franchir les montagnes. Après des épreuves
sans nombre, ils arrivèrent à Darien dans l'état le plus misérable. Au milieu de toutes les épreuves ils avaient su conserver une partie des richesses qu'ils tenaient du cacique de l'Isla
Rica. Les perles surtout furent 'objet de l'admiration uni-
verselle. Une d'entre elles, vendue aux enchères, fut achetée
par Pedrarias ; plus tard sa femme, doña Isabella de Boba-

dilla, en fit présent à l'impératrice, qui lui fit donner quatre mille ducats en retour.

La cupidité des colons était telle, qu'ils étaient prêts à braver les mêmes dangers et à passer par les mêmes horreurs que la troupe de Moralès pour aller chercher des perles de l'autre côté de l'isthme.

CHAPITRE XXIII

La plupart des expéditions envoyées par Pedrarias dans le
pays voisins eurent un mauvais succès. La plus désastreuse
de toutes fut celle que conduisit le capitaine Francisco Becerra
dans le pays de Zenu, où l'or se recueillait, disait-on, dans
des filets et où le bachelier Enciso avait essayé vainement de
faire une razzia des ornements d'or enfermés dans les tombeaux.
Francisco Becerra partit à la tête de cent quatre-vingts hommes
bien armés et bien équipés, emmenant trois pièces d'artillerie. On n'entendit plus jamais parler de lui ni d'aucun de ses
compagnons. Une autre troupe fut défaite par Tubanama, le
féroce cacique des montagnes, qui portait comme enseignes les
chemises sanglantes des Espagnols tués dans les batailles précédentes. Cette série de désastres s'explique par l'incapacité ou la
téméraire imprudence des officiers, que Pedrarias choisissait
parmi ses créatures pour leur donner le commandement des
expéditions.

Les colons perdirent courage à mesure que les Indiens devenaient plus hardis; bientôt l'établissement fut bloqué, et, selon
le témoignage de Las Casas, il n'est pas d'Espagnol qui ne crai-
gnît en se couchant d'être brûlé pendant la nuit avec sa maison. Pedrarias ne savait plus à quelles mesures recourir pour
rassurer les esprits. Il était en outre dans une appréhension
perpétuelle de voir Nuñez prendre le pas sur lui, à cause de la
confiance qu'il inspirait à la majorité des colons et des preuves

d'estime que le roi lui avait données. Il savait que Nuñez et ses adhérents avaient envoyé à la cour des plaintes sur l'état misérable de la colonie, sur les abus dont elle souffrait, sur le manque d'énergie du gouverneur.

L'évêque, qui devinait l'état de son esprit, voulut en profiter pour amener une réconciliation entre les deux rivaux. « Pourquoi, dit-il à Pedrarias, vous obstinez-vous à vous faire un ennemi mortel d'un homme qui pourrait devenir votre meilleur ami et votre plus ferme soutien ? Vous avez plusieurs filles : donnez-lui-en une en mariage; vous aurez pour gendre un homme de mérite, qui est populaire, hidalgo de naissance et favori du roi. Vous êtes affaibli par l'âge: il est jeune, vigoureux et actif. Faites-en votre lieutenant, et pendant que vous vous reposerez de vos fatigues, il mènera à bien les affaires de la colonie; dès lors tous ses succès serviront à l'avancement de votre famille et à la gloire de votre administration. »

Le gouverneur et sa femme furent gagnés par l'éloquence de l'évêque, et Vasco Nuñez fut trop heureux de sortir d'embarras honorablement. On rédigea une convention par écrit, et il fut convenu que Nuñez épouserait la fille aînée de Pedrarias. Elle était encore en Espagne, mais on la ferait venir, et le mariage serait célébré à Darien dès son arrivée.

Ayant ainsi rempli son office de conciliateur et mis un terme aux querelles et aux jalousies, du moins à ce qu'il croyait, l'évêque repartit pour l'Espagne.

CHAPITRE XXIV

Nuñez était au comble de ses vœux; son ancien ennemi le
comblait de faveurs et l'autorisait à construire des brigantins
et à faire tous les préparatifs nécessaires pour explorer
l'océan du Sud. Il établit ses chantiers dans le port de Careta, situé à l'ouest de Darien; c'était de là, pensait-on, que
devait partir la route la plus commode pour traverser les montagnes. On avait commencé à bâtir en cet endroit une ville
nommée Acla, dont Lope de Olano était alcade; Vasco Nuñez
fut autorisé à presser l'achèvement de cette ville. Pedrarias mit
deux cents hommes à sa disposition et lui avança des fonds sur
le trésor royal. La somme n'était pas suffisante, mais Nuñez
trouva des amis tout disposés à l'obliger.

Dès son arrivée à Acla, Nuñez s'occupa de préparer les matériaux de quatre brigantins, qu'il fit transporter pièce à pièce de
l'autre côté des montagnes par quelques Espagnols aidés de
trente nègres et d'un grand nombre d'Indiens. La tâche était
si rude, que beaucoup d'Indiens moururent à la peine; les nègres et les Espagnols résistaient mieux à la fatigue. Ils se repo-
sèrent quelque temps dans une maison qui avait été construite
à cet effet au sommet des montagnes; au bout de quelques
jours ils commencèrent à descendre le versant opposé, jusqu'à
la partie navigable de la rivière Balsas, qui se jette dans l'o-
céan Pacifique. Les matériaux de deux brigantins avaient été
transportés et l'on commençait à travailler le bois, lorsqu'on

s'aperçut qu'il ne pourrait pas servir; ayant été coupé dans le voisinage de l'eau salée, il était exposé aux ravages des vers. Il fallut abattre d'autres arbres sur le bord de la rivière.

Nuñez montra une patience admirable au milieu de tous ces contretemps et de tous ces délais. Comme les vivres allaient manquer, il divisa sa troupe en trois bandes: la première devait abattre et scier le bois, la seconde apporter les agrès et les ferrures d'Acla, qui est à une distance de vingt-deux lieues, la troisième parcourir le voisinage pour trouver des vivres.

Après un long travail, le bois était tout prêt, lorsqu'une inondation soudaine força les hommes à grimper sur les arbres, tandis que les pièces des brigantins étaient emportées par le torrent ou enterrées dans le sable et dans la boue. Les vivres manquèrent, parce que le canton où l'on pouvait s'en procurer était de l'autre côté de la rivière. Alors les Indiens construisirent à grand peine une sorte de pont flottant; les Espagnols purent passer, ayant souvent de l'eau jusqu'à la ceinture, mais du moins ils n'étaient plus exposés à mourir de faim.

Quand la rivière fut rentrée dans son lit, les travaux furent repris avec une rare constance, et Nuñez eut enfin la joie de voir deux brigantins se balancer sur les eaux de la rivière Balsas. Aussitôt qu'on les eut gréés, Nuñez y fit monter autant d'Espagnols qu'ils en pouvaient porter et se lança triomphalement sur les flots du Pacifique.

CHAPITRE XXV

Il visita d'abord l'archipel des Perles, et débarqua sur la plus grande île une partie de ses équipages ; les deux brigantins repartirent pour amener le reste, car il avait choisi cette île pour y construire les deux autres brigantins. En attendant le retour de ses deux navires, il parcourut l'île pour se procurer des vivres et pour établir son autorité sur les indigènes. Quand les brigantins furent de retour, il s'embarqua avec cent hommes et se dirigea à l'est, vers la région que les Indiens lui avaient désignée comme le pays de l'or.

A vingt lieues du golfe de Saint-Michel, les marins furent effrayés à la vue d'une troupe de baleines qui dans l'obscurité ressemblaient à des récifs. Nuñez passa la nuit à l'ancre, avec l'intention de poursuivre sa route le lendemain matin. Le lendemain le vent avait changé, et Nuñez dut renoncer à une expédition au bout de laquelle était la découverte du Pérou. Il alla aborder sur le continent, près de l'endroit où le cacique Chuchama avait massacré Bernardo Moralès et ses compagnons, et tomba à l'improviste sur le village, d'où les Indiens s'enfuirent après avoir éprouvé de grandes pertes. Ayant ainsi vengé la mort de ses compatriotes, Vasco Nuñez regagna Isla Rica.

Pendant qu'il surveillait la construction de ses deux navires, des gens qui venaient d'Acla lui dirent qu'un nouveau gouverneur nommé Lope de Sosa était en route pour venir remplacer Pedrarias. Cette nouvelle lui causa de grandes inquiétudes :

un nouveau gouverneur adopterait sans doute de nouvelles mesures et amènerait avec lui de nouveaux favoris. Il craignait que son expédition ne fût contremandée ou qu'on n'en donnât le commandement à un autre. Après s'être consulté avec quelques confidents, il résolut d'envoyer à Acla un homme sûr pour s'informer de l'état des choses. Si la nouvelle était fausse et si Pedrarias était encore gouverneur, l'émissaire de Nuñez lui expliquerait les obstacles qui avaient retardé l'entreprise, lui demanderait un délai et le prierait d'envoyer des renforts et des provisions. Si réellement un nouveau gouverneur devait remplacer Pedrarias, l'émissaire repartirait sans rien dire et viendrait informer Nuñez de l'état des choses. Dans ce cas Nuñez prendrait la mer avant d'avoir reçu contre-ordre et s'excuserait sur ses bonnes intentions et sur son zèle.

CHAPITRE XXVI

L'émissaire choisi fut Andrès Garabito, en qui Nuñez avait pleine confiance. Malheureusement sa confiance était mal placée. Dans un moment d'emportement Nuñez avait traité Garabito assez durement; incapable lui-même de garder rancune, il était loin de croire que Garabito fût devenu son plus mortel ennemi. Or Garabito avait déjà écrit sous main à Pedrarias que Nuñez n'avait nulle intention d'épouser sa fille, qu'il le leurrait pour obtenir de lui tout ce qui lui était nécessaire, et que son dessein était, une fois à la tête de ses quatre brigantins, de secouer le joug et de se soustraire à l'autorité du gouverneur. Toute l'ancienne défiance et toute la jalousie de Pedrarias s'étaient réveillées aussitôt. Ces fâcheuses dispositions furent soigneusement entretenues par les ennemis de Nuñez, surtout par le bachelier Corral, qu'il avait fait emprisonner pour sa mauvaise conduite, et par le trésorier général Alonso de la Puenta, à qui il avait fait l'affront de réclamer le remboursement d'un prêt. Voilà où en étaient les choses quand Nuñez eut la mauvaise inspiration de choisir Garabito pour son confident et pour son émissaire.

Pedrarias restait gouverneur, parce que son successeur désigné était mort au moment de s'embarquer. Garabito n'alla pas le trouver de prime abord; mais, par des allusions et des mots à double entente, il s'arrangea pour éveiller les soupçons des autorités. On l'arrêta, on le fouilla, on le fit comparaître

devant Pedrarias ; par ses menaces et ses promesses Pedrarias
l'amena facilement à faire des aveux ou plutôt à incriminer les
intentions de Nuñez.

L'arrestation de Garabito et la nouvelle qu'on avait saisi sur
lui des lettres compromettantes causa une grande émotion à
Darien, et les partisans de Nuñez commencèrent à craindre
pour lui.

Un de ses amis lui écrivit de mettre à la voile sans délai et
de pourvoir à sa sûreté. Par malheur cette lettre tomba entre
les mains de Pedrarias, qui crut ou affecta de croire à l'existence d'un complot. L'auteur de la lettre fut arrêté, et Pedrarias chercha le meilleur moyen de s'assurer de la personne
de Nuñez. Selon son habitude, il eut recours à la ruse : il lui
écrivit dans les termes les plus affectueux pour lui donner
rendez-vous à Acla, sous prétexte de s'entretenir avec lui de la
grande expédition. En même temps il envoyait à François
Pizarre l'ordre de se saisir de son ancien chef.

CHAPITRE XXVII

La lettre de Pedrarias n'éveilla pas la défiance de Nuñez, qui comptait sur l'amitié de son futur beau-père et qui n'avait rien à se reprocher. Laissant ses navires sous le commandement de Francisco Compañon, il se rendit à Acla sans escorte.

Les mêmes messagers qui avaient apporté la lettre du perfide Pedrarias accompagnèrent Nuñez pendant son voyage. Ils ne purent se défendre d'un mouvement de sympathie et de pitié en voyant un aussi galant homme courir à sa perte, et avant d'arriver à Acla, ils lui firent connaître tout ce qui s'était passé. Fort de son innocence, Nuñez continua bravement sa route; mais il fut arrêté en chemin, comme on le lui avait prédit, par son ancien lieutenant Pizarre, conduit à Acla et jeté en prison.

CHAPITRE XXVIII

Don Pedrarias alla le voir dans sa prison et montra à son égard une douceur hypocrite. Il était désolé de le traiter avec une telle rigueur; mais Alonso de la Puente avait porté contre lui de graves accusations, et il était de son devoir comme gouverneur de s'assurer de sa personne en attendant une enquête qui montrerait sans doute son innocence. En sortant de la prison, il pressa vivement l'alcade mayor Espinosa de procéder contre lui avec la dernière rigueur.

Nuñez fut donc accusé d'avoir voulu se soustraire à l'obéissance qu'il devait à son souverain et soumettre à sa domination les côtes de l'océan du Sud. Cette accusation était fondée sur les propos de Garabito, et sur la déposition d'un soldat qui, étant de garde, à Isla Rica, près de la butte où Nuñez s'entretenait avec ses confidents, avait entendu certaines paroles qu'il avait mal comprises et mal interprétées. Il s'agissait de prendre la mer sans attendre les ordres du nouveau gouverneur, à supposer que Pedrarias eût été remplacé; le soldat avait compris qu'il s'agissait de braver le gouverneur et de se soustraire à son autorité.

« Jusqu'ici, dit Pedrarias, je vous ai traité comme mon fils, parce que je vous ai vu fidèle au roi et loyal envers moi, qui suis son représentant; mais, sachant désormais que vous avez médité une rébellion contre la couronne de Castille, je vous renie et je vous traiterai en ennemi. »

Nuñez indigné repoussa vivement l'accusation; s'il eût été coupable ou s'il eût médité de le devenir, se serait-il rendu, comme il l'avait fait, au premier appel du gouverneur, alors qu'il lui était si facile de se soustraire à son autorité?

Pedrarias ne voulut rien entendre et, pour le perdre plus sûrement, fit revivre toutes les anciennes accusations qui avaient été déjà portées contre lui, et que ses services aussi bien que la reconnaissance du souverain semblaient avoir effacées.

Cependant l'affaire traînait en longueur, parce que l'alcade mayor Espinosa ne laissait pas d'avoir des scrupules. Le gouverneur le pressa si vivement, qu'il finit par déclarer Nuñez coupable de haute trahison; mais en même temps il le recommandait à la clémence du souverain et lui reconnaissait le droit d'en appeler de sa sentence. Pedrarias s'était trop avancé pour reculer : la haine, la jalousie et la peur le rendirent injuste et cruel ; il ne voulut entendre parler ni de clémence ni d'appel, et Nuñez eut la tête tranchée, ainsi que plusieurs de ses officiers.

La mort même de sa victime ne suffit pas à éteindre la haine de Pedrarias : il confisqua ses biens et fit exposer publiquement sa tête au bout d'un poteau.

Ainsi périt dans sa quarante-deuxième année, en pleine vigueur et en pleine gloire, l'un des plus illustres explorateurs espagnols et l'un des plus méritants, victime de la plus basse et de la plus perfide jalousie.

VALDIVIA ET SES COMPAGNONS

C'est en l'année 1512 que Valdivia fut envoyé à Hispaniola par Vasco Nuñez de Balboa pour y aller chercher des renforts et des provisions. Parti sur une caravelle, il eut une heureuse traversée jusqu'aux environs de la Jamaïque; là une tempête violente le jeta sur les récifs des Vipères : la caravelle fut mise en pièces, Valdivia et ses vingt hommes d'équipage n'eurent que le temps de se sauver dans la chaloupe, sans pouvoir prendre avec eux ni eau ni provisions. Pendant treize jours ils furent à la merci des courants de ces mers inconnues et souffrirent toutes les tortures de la faim et de la soif; sept hommes périrent, les autres échouèrent à demi morts sur la côte de Yucatan, dans une province nommée Maya. Les indigènes les firent prisonniers et les livrèrent au cacique, qui les enferma dans une espèce de cage.

Après les horreurs qu'ils venaient de traverser, ils ne se trouvaient pas trop à plaindre, car si on les tenait dans une étroite captivité, du moins on ne les maltraitait pas et on leur donnait abondamment à boire et à manger. Les malheureux ne se doutaient pas qu'on les engraissait pour les sacrifier devant les idoles du cacique et pour se repaître ensuite de leur chair. Valdivia fut immolé le premier avec quatre de ses compagnons.

Les survivants, voyant le sort qu'on leur réservait, réussirent à s'échapper de la cage et allèrent se réfugier dans l'épaisseur des forêts. Après y avoir enduré les souffrances les plus horribles, ils se décidèrent à en sortir et furent faits de nouveau prisonniers dans une autre partie du pays. Le cacique, en-

nemi de celui qui avait sacrifié Valdivia et ses quatre compagnons et beaucoup moins cruel que lui, se contenta de ré-
duire les Espagnols en esclavage et de les astreindre aux travaux
les plus pénibles. Ce cacique étant mort quelque temps après,
Taxmar, son successeur, se montra aussi dur que lui envers
les esclaves blancs; tous succombèrent bientôt à la peine, sauf
un vigoureux marin nommé Gonzalo Guerrero et un singulier
personnage nommé Jeronimo de Aguilar. Le marin eut le
bonheur de passer entre les mains d'un autre cacique de la
province de Chatemal, qui le traita avec bonté. Il se fit bientôt
à sa nouvelle condition, accompagna le cacique dans ses
guerres, devint un chef renommé et épousa une princesse indienne.

Jeronimo de Aguilar, natif de Ecija en Andalousie, avait
étudié pour devenir prêtre et avait même été ordonné; mais
comme l'esprit d'aventure était en lui, il s'embarqua pour San-
Domingo et passa de là à Darien. Prêtre, il avait été détourné du
sacerdoce par l'inquiétude de son esprit; esclave des Indiens,
il montra la douceur, l'abnégation, l'esprit d'abstinence d'un
bon prêtre. Soumis aux épreuves les plus terribles et les plus
étranges, il en sortit à son honneur et devint l'ami, et l'ami
respecté, du cacique son maître et de toute sa famille. Alors
l'ambition le prit et l'exemple de Guerrero le tenta; il se fit
guerrier et, comme il était fort intelligent, il rendit les services
les plus signalés. Les caciques voisins furent jaloux des succès
que Taxmar devait à l'habileté du guerrier blanc, et l'un d'eux
lui reprocha d'employer un guerrier dont la religion n'était
pas celle des Indiens; en même temps il le poussait à sacrifier
Aguilar à leurs communes idoles. « Non, répondit Taxmar, je
ne payerai pas d'un tel prix des services aussi signalés; les
dieux de Aguilar valent les nôtres, puisqu'ils l'aident si visi-
blement à défendre la cause de la justice. »

Le cacique fut si irrité de la réponse de Taxmar, qu'il as-
sembla ses guerriers pour lui faire la guerre. Grâce à un stra-

FAÇADE DE L'AILE NORD DU PALAIS DES NONNES, A UXMAL (YUCATAN).

tagème de Aguilar, Taxmar sortit vainqueur de la lutte et se trouva seul maître du pays.

Depuis plusieurs années Aguilar vivait de la vie des Indiens, lorsque le bruit se répandit dans le pays qu'on avait vu près de la côte de grandes embarcations montées par des hommes blancs barbus, qui disposaient contre leurs ennemis de la foudre et des éclairs. La flotte signalée était celle de Francisco Hernandez de Cordova, qui faisait un voyage de découvertes. La consternation se répandit dans le pays, car un prêtre indien avait prédit autrefois que les idoles seraient renversées et le pays subjugué par des hommes blancs barbus venus du côté du soleil levant.

Le cœur de Jeronimo de Aguilar battit avec violence à la nouvelle de l'arrivée des hommes blancs; mais la côte était loin, et il était surveillé de si près par les Indiens, qu'il ne put songer un seul instant à profiter de l'occasion qui semblait s'offrir à lui de rentrer dans la vie civilisée.

L'année suivante on signala de nouveau la présence des grandes embarcations et des hommes blancs; il s'agissait cette fois de l'expédition commandée par Juan de Grijalva, qui explora la côte du Yucatan en 1518. Cette fois encore la surveillance des Indiens empêcha Aguilar de rejoindre ses compatriotes.

Il y avait déjà sept ans qu'il vivait de la vie sauvage, lorsque en 1519 on vit arriver au village qu'il habitait trois Indiens natifs de la petite île de Cozumel, située en face de la côte orientale du Yucatan. Ils parlèrent d'hommes blancs qui exploraient leur pays, et l'un d'eux remit une lettre à Aguilar.

Aguilar lut la lettre en présence du cacique et de ses guerriers; elle avait été écrite par Fernand Cortez, dont l'expédition devait se terminer par la conquête du Mexique. Le mauvais temps l'avait contraint de jeter l'ancre sur la côte de Cozumel. Ayant appris que plusieurs hommes blancs étaient retenus captifs au Yucatan, il avait dépêché des Indiens pour

PRISON (CARCEL) A CHICHEN-ITZA (YUCATAN).

leur porter une lettre. Deux petites caravelles devaient attendre pendant huit jours le retour des Indiens et l'arrivée des captifs à la pointe de Cotoche, sous le commandement de Diego de Ordas. La lettre de Cortez informait les prisonniers de tous ces détails; Diego de Ordas tenait leur rançon toute prête, en cas que les cannibales consentissent à leur vendre leur liberté.

Aguilar épouvanta le cacique en lui parlant de la puissance surnaturelle des hommes blancs qui disposaient de l'éclair et de la foudre, et l'éblouit en lui montrant quelques échantillons des trésors dont ils disposaient en faveur de leurs amis. Effrayé et séduit, le cacique ne songea plus qu'à mériter l'affection de ces hommes extraordinaires, et il pria Aguilar d'être son intermédiaire auprès d'eux.

Au milieu de sa joie Aguilar n'oublia pas son camarade Guerrero, et il lui fit porter la lettre de Cortez. Quoiqu'il fût devenu un chef puissant parmi les Indiens, Guerrero aurait vivement désiré revoir son ancienne patrie; mais, comme il avait adopté tous les usages des Indiens, qu'il était tatoué et qu'il portait des ornements aux oreilles, au nez et aux lèvres, il n'osa pas affronter les moqueries de ses compatriotes et se décida à rester dans le pays.

Jeronimo partit donc sans lui pour la pointe de Cotoche, accompagné de trois Indiens. Pendant le temps qu'il avait perdu à attendre Guerrero, le délai de huit jours s'était écoulé, et quand il arriva au bord de la mer, les caravelles étaient reparties. Peut-être les retrouverait-on encore au mouillage de Cozumel; mais comment les rejoindre? Comme il errait, la mort dans l'âme, au bord de la mer, il trouva un canot; mais le canot était fort avarié. Les Indiens le réparèrent de leur mieux et, se servant d'une douve de tonneau comme pagaie, ils cotoyèrent le rivage jusqu'à un endroit où le détroit qui sépare Cozumel du Yucatan n'a que quatre lieues de large. Après avoir lutté longtemps contre un courant assez fort, la frêle embarcation arriva à l'île de Cozumel. A peine débarqués, les trois Indiens et Aguilar furent assaillis par un parti d'Espagnols qui se précipitèrent sur eux l'épée à la main. Les Indiens se préparaient à fuir, lorsque leur compagnon les rassura et s'écria en espagnol qu'il était chrétien. Alors, tombant à genoux, il remercia Dieu de l'avoir ramené au milieu de ses compatriotes.

Les Espagnols demeurèrent confondus d'entendre un Indien parler si purement le castillan; car Aguilar avait toute l'apparence d'un Indien. Cependant il n'eut pas de peine à se faire reconnaître de ses compatriotes. Il avait affaire à une petite troupe envoyée justement pour surveiller l'arrivée du canot, dont on avait observé tous les mouvements depuis son départ de la côte de Yucatan. Cortez était déjà reparti après avoir attendu huit jours; par bonheur pour Aguilar, un des navires de l'escadre avait été obligé de revenir à l'île de Cozumel pour réparer des avaries, et toute l'escadre était revenue avec lui.

Cortez prit Aguilar par la main et lui jeta son propre manteau sur les épaules. Mais Aguilar s'était si complètement déshabitué des usages européens, que ce léger manteau lui parut d'abord d'un poids insupportable. Il lui fallut aussi faire un effort de volonté pour toucher aux mets que l'on se hâta de placer devant lui. Quand il fut assez remis de sa première émotion, il raconta toute son histoire. Il se trouvait que l'un des parents de Jeronimo, Marco de Aguilar, était un des amis de Cortez. Cette circonstance augmenta encore les sentiments de respect et d'affection que lui inspirait Jeronimo, et il l'emmena avec lui pour lui servir d'interprète dans sa grande expédition du Mexique.

La mère de Jeronimo avait appris par de vagues rumeurs que son fils était tombé au pouvoir des Indiens. Épouvantée par les récits que l'on faisait de l'abominable cruauté des cannibales, la pauvre femme avait perdu la raison. Elle ne pouvait voir un morceau de viande rôtie sans s'écrier : « Oh! malheureuse mère! ô la plus misérable des femmes, voilà la chair de ton fils assassiné! »

On aime à croire que la nouvelle de la délivrance du fils qu'elle pleurait eut un heureux effet sur son intelligence, et qu'elle vécut pour se réjouir de ses succès. Jeronimo en effet, ayant montré beaucoup d'intelligence et de courage pendant toute l'expédition du Mexique, tantôt comme soldat, tantôt comme interprète et ambassadeur, fut nommé regidor ou gouverneur civil de Mexico.

JUAN PONCE DE LÉON

CONQUÊTE DE PORTO-RICO. DÉCOUVERTE DE LA FLORIDE

(1508)

CHAPITRE PREMIER

Depuis longtemps les Espagnols avaient découvert et colonisé Haïti, et ils n'avaient pas même exploré Boriquen (San-Juan, plus tard Porto-Rico), qui en est tout proche. Leurs navires y abordaient souvent, mais les équipages ne pénétraient pas dans l'intérieur.

A l'époque où Nicolas de Ovando, gouverneur d'Hispaniola, entreprit systématiquement de faire un désert de la province de Higuey, située à l'extrémité orientale d'Haïti, il mit à la tête d'une partie des troupes un vieux soldat, Juan Ponce de Léon. Juan Ponce était originaire de Léon, en Espagne, et il avait été page de Pedro Nuñez de Guzman, seigneur de Toral ; ensuite il avait servi contre les Maures de Grenade. Compagnon de Colomb dans son second voyage (1493), il s'était tourné contre lui et avait pris parti pour Roldan. Comme il s'était fort distingué dans différentes batailles contre les Indiens, il avait reçu le commandement en second sous Juan de Esquibel dans la campagne contre la province de Higuey. Là encore il fit beaucoup parler de lui et il fut nommé lieutenant du gouverneur d'Hispaniola pour la province de Higuey.

Comme il ne pouvait souffrir le repos et qu'il était toujours en quête d'aventures, il tournait souvent des regards d'envie vers les montagnes verdoyantes de Boriquen, qui n'étaient qu'à douze ou quatorze lieues de distance et que l'on voyait distinctement, par les beaux jours, à travers l'atmosphère trans-

parente des tropiques. Les Indiens des deux îles avaient de fréquentes communications, et Ponce de Léon en profitait pour se
renseigner sur le pays; c'est ainsi qu'il apprit qu'il y avait
beaucoup d'or dans les montagnes de Boriquen. Il obtint facilement d'Ovando l'autorisation d'explorer l'île et s'embarqua sur
une caravelle, en 1508, avec quelques Espagnols et quelques
Indiens qui devaient lui servir d'interprètes et de guides.

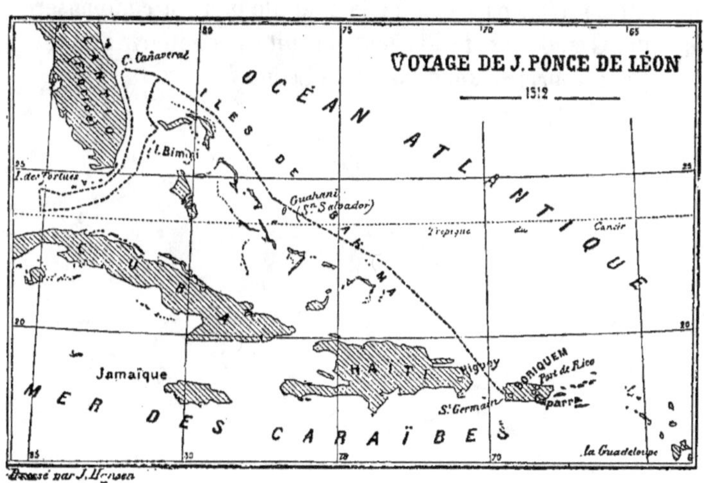

Après une traversée facile, il aborda sur les rives boisées de
Boriquen, près de la résidence du principal cacique, Agueybana. Il fut fort bien accueilli, et Agueybana, pour lui complaire, lui fit visiter différentes parties de l'île. Le pays, mon-
tagneux et boisé, était coupé par de profondes vallées que
fertilisaient de nombreux cours d'eau. Juan Ponce ayant prié
le cacique de lui révéler les richesses de l'île, Agueybana lui
montra naïvement des champs de yuca, des bosquets dont les
arbres étaient chargés de fruits délicieux, des fontaines
et des rivières dont l'eau était pure et limpide. Ponce de

Léon, qui faisait peu de cas de ce genre de richesses, lui demanda si l'île produisait de l'or. En réponse à cette question
le cacique lui montra deux rivières, le Manatuabon et le
Zebuco, où l'on trouvait des cailloux richement veinés d'or
et des grains d'or mêlés aux sables. Laissant quelques-uns de
ses compagnons chez le cacique , Juan Ponce retourna à
Haïti pour rendre compte au gouverneur du succès de son
expédition. Les échantillons qu'il rapportait avec lui furent
éprouvés au creuset; l'or de Boriquen n'était pas si pur que
celui d'Hispaniola, mais, comme la quantité pouvait compenser
la qualité, Ovando se décida tout de suite à conquérir l'île; et
il confia l'entreprise à Juan Ponce de Léon.

CHAPITRE II

Les indigènes étaient plus belliqueux que ceux d'Hispaniola, parce qu'ils étaient plus exposés aux invasions des Caraïbes. On supposa donc que la conquête de l'île pourrait présenter quelques difficultés ; en conséquence, Juan Ponce résolut d'étudier le pays avant de l'attaquer, pour en connaître les ressources et se bien renseigner sur le caractère des habitants. Il fit donc une seconde visite au cacique Agueybana et trouva les compagnons qu'il avait laissés derrière lui à Boriquen en excellente santé et se louant fort de l'hospitalité du cacique. Il semble qu'on eût pu éviter de recourir à la violence pour déposséder une population si confiante. Juan Ponce se flatta un moment de l'espoir d'être nommé gouverneur de Boriquen par Ovando et d'en faire la conquête sans recourir aux armes. Après avoir fait quelque séjour dans l'île, il retourna à San-Domingo ; mais il vit que les affaires avaient singulièrement changé de face depuis son départ.

Ovando avait été rappelé en Espagne, et Don Diego, fils de Colomb, avait pris sa place. Un cavalier nommé Christoval de Sotomayor arrivait d'Espagne, autorisé par le roi à fonder un établissement et à bâtir une forteresse dans l'île de Porto-Rico. Sotomayor était frère du comte de Camina et avait été secrétaire de Philippe Ier, surnommé le Beau, roi de Castille et père de Charles-Quint.

Don Diego Colomb fut très mortifié de la nomination de Sotomayor, parce que le roi l'avait désigné à son insu et sans son consentement, ce qui était une violation de ses prérogatives de vice-roi. Il refusa donc nettement de mettre Sotomayor en possession du gouvernement de Boriquen. Il refusa aussi de faire droit aux réclamations de Juan Ponce de Léon, parce qu'il voyait en lui une des créatures de son prédécesseur, Ovando. En vertu de ce qu'il considérait comme son privilège officiel et héréditaire, il choisit deux officiers à sa convenance, nomma un certain Juan Ceron gouverneur de Porto-Rico et lui donna Miguel Diaz pour lieutenant.

Juan Ponce de Léon et Christoval de Sotomayor acceptèrent de bonne grâce la décision du vice-roi et, dans l'espoir de faire fortune, s'enrôlèrent dans l'expédition comme volontaires.

La jalousie de Ferdinand s'émut des mesures qu'avait prises Diego en opposition avec ses ordres et prétendit qu'il avait le droit de nommer des officiers sans consulter l'amiral. Ovando lui ayant parlé avec éloge des services de Juan Ponce de Léon, le roi le nomma gouverneur de Porto-Rico, avec défense expresse au vice-roi de lui ôter son gouvernement.

CHAPITRE III

Juan Ponce de Léon prit donc le commandement de l'île de
Boriquen en 1509. Son premier acte fut de chercher querelle
à Ceron et à Miguel Diaz et de les envoyer tous les deux prisonniers en Espagne.

Il se montra beaucoup plus accommodant avec son ancien
compétiteur Christoval de Sotomayor, dont il fit son lieutenant;
mais Sotomayor ne tarda pas à se démettre de cette charge,
piqué au vif par les railleries qu'on lui adressait de tous les
côtés pour avoir accepté le second rang après avoir occupé un
instant le premier. Cependant il ne quitta pas l'île, et il s'y établit comme simple particulier dans un village, ayant à son service un *repartimiento* considérable d'Indiens en vertu d'une
concession signée de Ferdinand.

Juan Ponce de Léon fixa le siège de son gouvernement dans
une ville nommée Caparra, qu'il fonda dans la partie nord de
l'île, à une heure environ de la mer, à portée du district où
l'on pensait trouver de l'or en abondance. Caparra était en face
du port de Rico, qui donne son nom à l'île entière. Du port à
la ville, la route franchissait une montagne et traversait une
épaisse forêt; c'était un chemin si raboteux en certains endroits et si boueux en certains autres, qu'il en coûtait plus
de peine pour transporter les provisions et les marchandises
du port à la ville que pour les amener d'Espagne.

Une fois bien établi dans son gouvernement, Juan Ponce de

Léon se mit à subdiviser l'île, à fonder des villes et à distribuer les Indiens en *repartimientos* pour exploiter leur travail.

Il se passa alors ce que l'on avait déjà vu à Hispaniola : les pauvres Indiens, forcés de travailler pour leurs nouveaux maîtres, tombèrent dans un profond désespoir. Les plus hardis proposaient une levée en masse pour exterminer les Espagnols, la majorité eut peur ; ces pauvres gens regardaient les Espagnols comme des êtres surnaturels qu'il était impossible de vaincre et de tuer.

Un cacique moins crédule que ses compatriotes résolut de savoir si les Espagnols étaient véritablement immortels. Ayant à faire conduire sous escorte un jeune Espagnol nommé Salzedo, il chargea les Indiens de l'escorte d'essayer de le faire périr : ils le noyèrent au passage d'une rivière. Assurés désormais que les Espagnols étaient mortels comme eux, les Indiens formèrent une conspiration générale pour les détruire.

CHAPITRE IV

Agueybana était mort, heureusement pour lui, avant d'avoir vu son peuple asservi par les étrangers qu'il avait si bien accueillis. Son frère, nommé Agueybana comme lui, avait pris sa place ; c'est lui qui se mit à la tête de la conspiration.

Le sort l'avait fait tomber dans le *repartimiento* de Christoval de Sotomayor ; quoiqu'il fût traité avec douceur, sa fierté naturelle lui faisait trouver l'esclavage pire que la mort. Dans des conciliabules secrets avec les autres caciques il arrêta tout un plan d'opérations. Comme les Espagnols étaient dispersés sur toute la surface du pays, il fut décidé qu'à un jour convenu chaque cacique ferait disparaître ceux de son district. En prenant les mesures pour le massacre des Espagnols de son district, Agueybana chargea un des caciques qui dépendaient de lui de surprendre le village de Sotomayor pendant la nuit, d'y mettre le feu et de tuer tous les blancs ; il se réservait à lui-même l'honneur de tuer don Christoval de sa propre main.

Sotomayor, averti sous main du danger qui le menaçait, ne fit que rire de l'avertissement ; averti une seconde fois par une personne sûre, il finit par se décider à chercher asile à Caparra, près de Juan Ponce de Léon. Avec une témérité voisine de la folie, il s'adressa à Agueybana et à ses Indiens pour transporter ses bagages. A peine armé, accompagné seulement de quatre Espagnols, il se remit entre les mains des Indiens, dont il connaissait les projets.

Agueybana le laissa partir devant et le suivit à distance ; arrivé au plus épais d'une vaste forêt, il s'élança sur Sotomayor en poussant son cri de guerre et lui brisa la tête d'un coup de massue. Les Espagnols qui accompagnaient Sotomayor subirent le même sort.

Le soir même, les Indiens entourèrent le village de Sotomayor et y mirent le feu. Beaucoup d'Espagnols furent tués en cherchant à se sauver. A la fin un homme énergique, nommé Diego de Salazar, rallia ses compatriotes autour de lui, tint les Indiens à distance et réussit à conduire sa petite troupe jusqu'à Caparra, où elle fut en sûreté. De toutes les parties de l'île on vit accourir des Espagnols qui avaient échappé au massacre général. Tous les villages fondés par les Espagnols avaient été brûlés, et cent Espagnols sur deux cents avaient péri.

CHAPITRE V

Juan Ponce de Léon pouvait être considéré désormais comme un gouverneur sans territoire et comme un général sans armée. Ses villages étaient en cendres, et il n'avait plus avec lui que cent hommes, dont plusieurs étaient grièvement blessés. Il avait en face de lui un ennemi implacable, Agueybana, qui s'était mis à la tête des caciques de l'île et qui venait de faire appel aux Caraïbes des îles voisines, les engageant à oublier toutes les anciennes haines pour faire cause commune contre les hommes blancs, ennemis mortels de la race indienne. Tout autour de la forteresse de Caparra les forêts étaient remplies d'Indiens dont on entendait retentir les cris de guerre, les trompes et les tambours.

Juan Ponce de Léon était un brave soldat; enfermé dans sa forteresse et décidé à la défendre contre toutes les forces ennemies, il envoya deux messagers à Hispaniola pour demander du renfort. En attendant, il ne demeura pas inactif. Divisant sa petite garnison en trois troupes de trente hommes sous le commandement de Diego Salazar, de Miguel de Toro et de Luis de Alasco, il harassa les Indiens par des sorties continuelles, par des surprises, par des embuscades.

Un de ses plus puissants auxiliaires était un chien nommé Berezillo, célèbre par sa vigueur, son courage et sa sagacité. On prétend qu'il savait distinguer, parmi les Indiens, ceux qui étaient les alliés et ceux qui étaient les ennemis des Espagnols.

Avec les premiers il était doux et docile, féroce et implacable avec les autres. Il était la terreur des indigènes et valait à lui seul plusieurs soldats. Ses services étaient si appréciés, que son maître recevait pour lui la paye, la nourriture et la part de butin d'un arbalétrier.

Enfin les renforts arrivèrent d'Hispaniola; aussitôt Ponce de Léon prit l'offensive. Son ennemi Agueybana était pour le moment dans son district à la tête de cinq mille guerriers; mais comme il supposait que Juan Ponce de Léon était toujours tenu en échec dans sa forteresse avec sa petite troupe, il négligeait les précautions les plus ordinaires et ne prenait pas la peine de se garder. Le vieux soldat tomba sur lui à l'improviste. Outre qu'ils ne s'attendaient pas à être attaqués, les Indiens, ne sachant pas que Ponce de Léon avait reçu des renforts et voyant les Espagnols aussi nombreux qu'avant le massacre, crurent que leurs morts étaient ressuscités; les Espagnols en firent un grand carnage.

Agueybana cependant ne se laissa pas abattre; il fit passer l'ardeur dont il était animé dans l'âme des autres caciques et décida, de concert avec eux, une attaque générale pour exterminer les Espagnols. Juan Ponce de Léon eut connaissance de ce projet et du lieu de rendez-vous des Indiens, et se mit aussitôt en campagne. Il ne pouvait disposer, il est vrai, que de quatre-vingts hommes; mais ces hommes avaient tous des armures à l'épreuve des armes indiennes.

Le soleil allait se coucher lorsque Juan Ponce arriva en vue du camp ennemi. Les forces d'Agueybana étaient si considérables, que le gouverneur eut presque regret de s'être engagé dans une si téméraire entreprise; mais les regrets étaient superflus: il s'agissait de se tirer de ce faux pas le moins mal qu'on pourrait. Ayant détaché quelques-uns de ses hommes pour occuper l'ennemi, il fit élever à la hâte une sorte de retranchement et s'y abrita. Les Indiens essayèrent de donner l'assaut, mais ils furent repoussés à plusieurs reprises, et Juan

Ponce fut obligé de réprimer l'ardeur des siens, qui voulaient poursuivre les assaillants.

Agueybana eut un accès de fureur en se voyant tenu en échec par une poignée d'hommes. La nuit approchait, les Espagnols profiteraient sans doute de l'obscurité pour battre en retraite; il fallait frapper un grand coup. Ayant tenu conseil à la hâte avec les principaux caciques, il commanda une attaque générale et se mit à la tête des assaillants.

Comme il approchait du retranchement, il fut frappé en pleine poitrine d'un coup d'arquebuse et tomba mort.

Les Espagnols ne se doutèrent pas d'abord de l'importance du chef qu'ils venaient d'abattre; mais ils s'en aperçurent bientôt aux lamentations des ennemis et au désordre qui se mit dans leurs rangs.

Comme ils ne renouvelaient pas leurs attaques, Juan Ponce profita de l'obscurité pour battre en retraite. Quelques téméraires voulaient que l'on continuât la campagne. « Non, non, dit Juan Ponce, qui était aussi avisé que brave; il vaut mieux traîner la guerre en longueur que de tout risquer sur un coup de dés. »

Pendant qu'il luttait pour maintenir son autorité sur l'île, son titre de gouverneur, qu'il avait porté si peu de temps, lui fut brusquement enlevé. Le roi Ferdinand, après mûre réflexion, s'était aperçu, quoique un peu tard, qu'il avait eu tort d'empiéter sur les priviléges de Diego Colomb en remplaçant de sa propre autorité le gouverneur et le lieutenant du gouverneur que le vice-roi avait désignés. Aussi, lorsque Juan Ceron et Miguel Diaz arrivèrent prisonniers en Espagne, il leur fit le plus gracieux accueil, les combla de faveurs pour réparer le tort qu'il leur avait fait et les renvoya prendre possession de leurs charges. Ils avaient ordre de ne montrer à Juan Ponce de Léon ni rancune ni mauvaise volonté, de lui laisser la paisible possession des biens qu'il pouvait avoir amassés et de vivre avec lui sur le pied d'une franche et sincère amitié. Ferdi-

ÉCUREUILS VOLANTS A PORTO-RICO.

nand écrivit au brave vétéran pour lui expliquer que si Ceron et Diaz étaient rétablis dans leurs charges, c'était par une décision du conseil ; qu'il devait voir dans cette mesure un acte de réparations et de justice, et non une marque de défiance contre lui ; ses services étaient appréciés à leur juste valeur, et l'on chercherait l'occasion et les moyens de lui offrir une compensation pour le gouvernement qu'on était obligé de lui redemander.

Quand le nouveau gouverneur et son lieutenant arrivèrent à Porto-Rico, l'île était entièrement soumise. Agueybana mort, les Indiens se dispersèrent et n'essayèrent pas une seule fois de se soulever contre leurs oppresseurs. Leur sort devint aussi misérable que celui des habitants de Haïti. On les employa à l'exploitation des mines et à tous les travaux qui étaient les plus opposés à leurs habitudes d'indolence ; ils succombèrent à la peine, les uns après les autres, et la race des indigènes disparut complètement de l'île.

CHAPITRE VI

Juan Ponce se décida d'assez bonne grâce à remettre son autorité entre les mains des nouveaux venus. Un vieux soldat aussi hardi que lui et aussi expérimenté trouverait facilement à s'employer dans le Nouveau Monde. D'ailleurs il avait amassé assez d'argent pour mettre à exécution certaines idées qu'il avait en tête; car, comme la plupart des grands aventuriers de cette époque, il avait conçu les projets les plus romanesques. Par exemple, il pensait qu'il restait un troisième monde à découvrir, il espérait le découvrir et acquérir ainsi une gloire égale à celle de Colomb.

Pendant qu'il roulait ces projets dans son esprit et cherchait les moyens de les mettre à exécution, il rencontra quelques vieux Indiens qui lui parlèrent d'un pays merveilleux, dont la découverte assurerait l'immortalité à son nom et réaliserait quelques-uns des rêves des poètes. Selon ces Indiens, bien loin dans le nord il y avait un pays de délices; non seulement on y trouvait de l'or en abondance, mais encore il y avait une rivière merveilleuse: quiconque se plongeait dans ses eaux redevenait jeune à l'instant. Autrefois, avant l'arrivée des Espagnols, des indigènes de Cuba étaient partis en grand nombre pour le nord à la recherche du pays des délices et de la rivière de vie; comme ils n'en étaient jamais revenus, on en concluait qu'ils y étaient retenus par les délices du pays, dont ils jouissaient dans une éternelle jeunesse.

D'autres Indiens déclarèrent qu'il n'était pas nécessaire d'aller si loin pour trouver les eaux qui rajeunissent; dans une des îles du groupe de Bahama, appelée Bimini, il y avait une fontaine qui jouissait des mêmes propriétés que la rivière merveilleuse.

Juan Ponce de Léon n'était plus jeune, et il lui semblait qu'il n'aurait jamais assez de temps devant lui pour exécuter tous les projets qu'il avait conçus: il avait donc deux raisons pour une de croire à l'existence de la fontaine qui rajeunissait.

Aujourd'hui il nous semble incroyable qu'un homme d'âge et d'expérience ait pu ajouter foi à ces contes des Mille et une nuits; mais le siècle où vivait Ponce de Léon avait vu tant de merveilles, et l'imagination des voyageurs espagnols était si ardente, qu'ils étaient tout disposés à accepter les contes les plus invraisemblables.

Quant à Juan Ponce, il était si convaincu de l'existence du pays des délices et de la rivière de vie, qu'il équipa trois navires à ses frais pour aller à la découverte, et les aventuriers se disputèrent l'honneur de le suivre.

Parti le 3 mars 1512, avec ses trois navires, du port de Saint-Germain, dans l'île de Porto-Rico, il ne tarda pas à atteindre la première des îles de Bahama ; une à une, il les visita toutes; le 14 mars il arriva à Guanahani ou San-Salvador, la première terre qu'eût foulée Colomb dans le Nouveau Monde. Mais il eut beau s'informer partout de l'île de Bimini, il lui fut impossible de la trouver.

Sans se laisser décourager par ce premier insuccès, il répara les avaries de ses navires et se dirigea vers le nord-ouest. Le dimanche 27 mars, il se trouva en vue d'une terre qu'il prit pour une île, mais où le mauvais temps l'empêcha d'aborder. Le 2 avril seulement il put jeter l'ancre à l'abri de la côte, par 33° 8′ de latitude. Tout le pays était couvert de fleurs; pour cette raison, et aussi parce qu'il avait découvert ce pays le dimanche des Rameaux ou de Pâques fleuries, il l'appela la Floride; les Indiens l'appelaient Cautio. Il prit possession de cette nouvelle terre au nom des souverains de Castille.

Pendant plusieurs semaines il suivit les côtes, ayant à lutter contre le gulf-stream et les autres courants qui règnent dans cette région. Il doubla le cap Cañaveral et reconnut les côtes du sud et de l'est, sans se douter que sa nouvelle découverte faisait partie du continent. Toutes les fois qu'il essaya de pénétrer dans l'intérieur du pays, il fut repoussé par les indigènes, qui paraissaient appartenir à une race sauvage et belliqueuse. Il éprouva bien d'autres désappointements : le pays ne produisait

pas d'or, et aucune des rivières ou fontaines n'avait la propriété
de rajeunir les gens. Convaincu que ce n'était point là la terre
promise de la tradition, il repartit pour Porto-Rico le 14 juin,
décidé cependant à faire au retour une nouvelle tentative pour
trouver l'île de Bimini.

En attendant, dès le début de sa traversée il découvrit un
groupe d'îlots tout couverts d'oiseaux de marine et d'animaux
marins : en une seule nuit les matelots capturèrent cent soixante-
dix tortues et quatorze loups de mer et tuèrent une énorme
quantité de pélicans et d'autres oiseaux. Juan Ponce donna
au groupe le nom d'îles des Tortues, qu'il porte encore.

Près des Lucayes il découvrit un autre groupe d'îles, qu'il
appela groupe de la Vieille-Femme (de la Vieja), parce qu'il n'y
trouva qu'une vieille femme indienne. Il prit cette vieille femme
à bord comme pilote, ce qui n'empêcha pas son voyage d'être
très difficile à travers les îles de Bahama.

Découragé par tant de difficultés, il renonça à chercher en
personne l'île de Bimini, sans renoncer toutefois à la découvrir; il chargea un homme de confiance, Juan Perez de Or-
tubia, de la chercher à sa place. Juan Perez partit, ayant pour
pilote la vieille femme et un autre Indien, et Juan Ponce revint à
Porto-Rico. Il y fut bientôt rejoint par le fidèle Juan Perez.
Guidé par la vieille femme, Juan Perez avait enfin trouvé Bimini.
C'était, à ce qu'il raconta, une grande et belle île, verdoyante
et arrosée par une foule de ruisseaux limpides. Malheureusement
la source merveilleuse n'existait que dans l'imagination des
Indiens.

Voilà où aboutit l'expédition romanesque de Juan Ponce
de Léon; comme il arrive bien souvent dans la vie, en poursuivant une chimère il avait fait une découverte importante. A
défaut de la fontaine qui rajeunit, il avait donné à son pays la
Floride.

CHAPITRE VIII

Il s'embarqua bientôt pour l'Espagne, afin de rendre compte
au roi Ferdinand de sa découverte. Les beaux esprits le rail-
lèrent un peu sur sa crédulité; mais quel est celui des hardis
explorateurs de ces premiers temps qui n'eût sa chimère en
tête, à commencer par Colomb! Le roi le reçut avec une
grande faveur et le nomma adelantado de Bimini et de la
Floride, qui était encore considérée comme une île, et l'autorisa
à recruter des émigrants, soit en Espagne, soit dans le Nouveau
Monde, pour coloniser la Floride. Mais il n'usa pas de cette
autorisation, soit qu'il fût découragé ou appauvri, soit qu'il
trouvât de la difficulté à recruter des compagnons. Cependant il
ne demeura pas longtemps en repos. Les Caraïbes étaient de-
venus la terreur des Espagnols; à Porto-Rico principalement,
leurs invasions étaient si fréquentes, que l'on prévoyait le moment où les Espagnols seraient contraints d'abandonner l'île.

En 1514 le roi Ferdinand ordonna d'armer à Séville trois
navires destinés à donner la chasse aux Caraïbes jusque dans
leurs îles et à délivrer les mers de ce fléau. Le commandement
de cette expédition fut confié à Juan Ponce de Léon. Ses instructions étaient de s'attaquer d'abord aux Caraïbes les plus
voisins de Porto-Rico et de châtier ensuite ceux qui habitaient
sur le continent dans le voisinage de Carthagène. Il prendrait
ensuite le commandement militaire de Porto-Rico et s'occupe-
rait des *repartimientos* ou distributions d'Indiens entre les colons, de concert avec une personne qui serait désignée par
Diego Colomb.

Parti en janvier 1515, il se rendit d'abord à la Guadeloupe ; dès son arrivée il envoya à terre des hommes pour y faire une provision de bois et d'eau, des femmes pour laver les vêtements des équipages et une escorte de soldats pour les protéger. Les Caraïbes parurent à l'improviste, tuèrent une partie des hommes et emmenèrent les femmes dans les montagnes.

Juan Ponce fut si mortifié de cette mésaventure, qu'il fit voile pour Porto-Rico et, renonçant à l'entreprise sous prétexte de santé, remit son commandement entre les mains d'un capitaine nommé Zuñiga. Il est à croire que, s'il était malade, c'était plutôt d'esprit que de corps, tant il se montra capricieux, arbitraire et violent dans l'exercice de ses fonctions de gouverneur.

Il passa plusieurs années dans une sorte de torpeur maussade, d'où le tira le récit des brillants exploits de Fernand Cortez. Jaloux d'être éclipsé dans sa vieillesse, il résolut de tenter une nouvelle expédition. Il avait appris que la Floride, considérée d'abord comme une île, était en terre ferme et qu'elle était entourée de vastes contrées encore inconnues. Un champ immense s'ouvrait devant lui, et il espéra y faire des découvertes et des conquêtes capables de balancer les succès de son rival, sinon de les surpasser.

En 1521 il fréta deux navires et embarqua presque toute sa fortune dans sa nouvelle entreprise. A peine descendu à terre avec ses équipages, il fut attaqué vigoureusement par des indigènes. Le combat fut sanglant, plusieurs Espagnols périrent, et Juan Ponce lui-même reçut une blessure à la cuisse. Incapable de donner suite à ses desseins, il fit voile pour Cuba, où il arriva malade et découragé. Il mourut au bout de quelques jours. On inscrivit sur sa tombe une épitaphe latine dont le licencié Juan de Castillanos a donné la paraphrase suivante :

« Dans ce tombeau reposent les os d'un homme qui fut un lion (Leon) par son nom et plus encore par son caractère. »

FIN

TABLE DES MATIÈRES

FIN DE LA TABLE DES MATIÈRES

4657-93 — Corbeil. Imprimerie Crété.

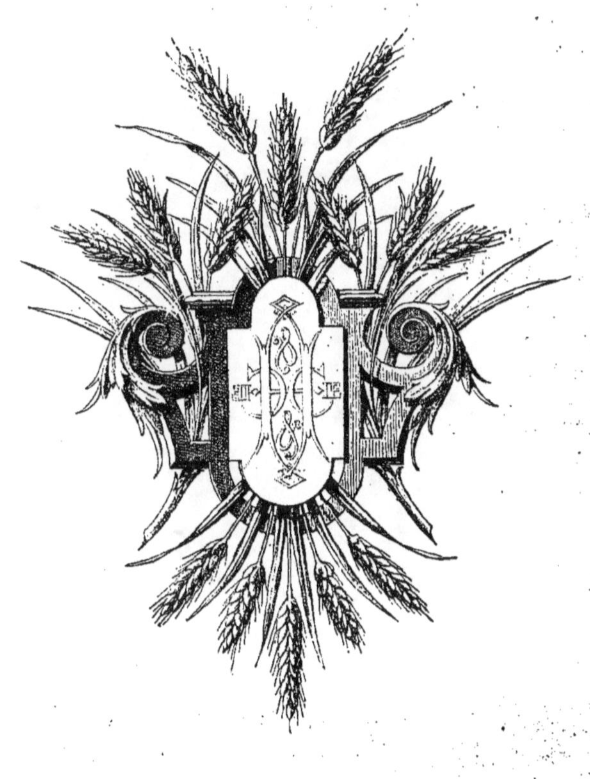

BOURLOTON. — Imprimeries réunies, B.